治安管理处罚法系列丛书
总主编：李春华

一书读懂治安管理处罚法

陈俊豪　冯　燕　主编

群众出版社

中国人民公安大学出版社

CPPSUP 全国百佳图书出版单位

图书在版编目（CIP）数据

一书读懂治安管理处罚法/陈俊豪，冯燕主编.
北京：群众出版社：中国人民公安大学出版社，2025.
7. --（治安管理处罚法系列丛书/李春华总主编）.
ISBN 978-7-5014-6506-4

Ⅰ. D922.144

中国国家版本馆CIP数据核字第2025LD7533号

一书读懂治安管理处罚法

陈俊豪　冯　燕　主编

策划编辑：刘　悦
责任编辑：刘长青
责任印制：周振东

出版发行：群众出版社　中国人民公安大学出版社
地　　址：北京市丰台区方庄芳星园三区15号楼
邮政编码：100078
经　　销：新华书店
印　　刷：天津盛辉印刷有限公司

版　　次：2025年7月第1版
印　　次：2025年7月第1次
印　　张：7.25
开　　本：880毫米×1230毫米　1/32
字　　数：175千字

书　　号：ISBN 978-7-5014-6506-4
定　　价：35.00元

网　　址：www.qzcbs.com
电子邮箱：qzcbs@sohu.com

营销中心电话：010-83903991
读者服务部电话（门市）：010-83903257
警官读者俱乐部电话（网购、邮购）：010-83901775
法律图书分社电话：010-83905745

总　序

　　新修订的《治安管理处罚法》已于2025年6月27日经第十四届全国人民代表大会常务委员会第十六次会议通过并公布，将于2026年1月1日起施行。自1957年《治安管理处罚条例》发布施行始，历经1986年《治安管理处罚条例》、2005年《治安管理处罚法》，至本次修订后的《治安管理处罚法》——这一从"条例"到"法"、从法的诞生到法的精进的过程，始终伴随着新中国成立以来社会、政治、经济等领域的发展变化不断完善。它深刻体现了党和国家全面推进科学立法、严格执法、公正司法、全民守法，持续推进法治中国建设的坚定决心与坚实步伐。

　　《治安管理处罚法》与公众日常生活联系密切，是我国二元惩罚体系中行政处罚的重要组成部分，明确授予公安机关行使治安管理处罚的执法权。此次修订有诸多亮点：一是本法第一条、第二条明确坚持中国共产党领导，将治安管理处罚纳入治安管理、社会治安综合治理乃至社会治理范畴，规定采取有效措施预防和化解社会矛盾纠纷。二是针对治安管理领域出现的新情况新问题，将一些危害行为纳入治安管理处罚，包括考试作弊、高空抛物、抢夺方向盘、违规飞行无人驾驶航空器、非法安装使用窃听窃照器材等行为。三是调整涉未成年人处罚，一方面，强化保护未成年人的合法权益，对涉及侵犯未成年人权益的行为从重处罚；另一方面，对违法造成恶劣影响、应当给予行政拘留处罚的未成年人，执行行政拘留。四是增设"免受不法侵害的制止行为"制度，保护公民反击不法侵害的权利，引导社会公众积极见义勇为。五是增设当事人"认错认罚从宽"制度，引导违法行为人认识错误、改正错误。六是优化处罚程序，吸收公安机关多年来的公安执法规范化建设成果，增设执法实践中科学、合理的执法程序，强化法制审核、集体决定，要求全程录音录像。七是增设符合法定条件的行政拘留处罚听证程序。八是推动治安调解与人民调解、自行和解相融合，强化矛盾纠纷源头化解，等等。

值此新修订的《治安管理处罚法》颁布之际，群众出版社精心组织编写了本套"治安管理处罚法系列丛书"。其中，《治安管理处罚法案例精解与实务指引》对治安管理处罚经典案例进行深度解析，为民警执法办案提供精准指导；《治安管理处罚法百案解析》对治安管理处罚常见案例进行全面解读，用通俗易懂的语言以案释法；《一书读懂治安管理处罚法》可帮助零基础的读者快速理解核心要点，轻松学法用法；《治安管理处罚法500问》通过一问一答的方式，速解读者身边的法律问题。

作为丛书的总主编，凭借多次受邀参与相关立法工作积累的专业经验，我带领编写团队深入研读新法条文，力求精准把握立法精神。丛书各分册的主编及参编人员，均为长期深耕于治安管理处罚法教学与研究领域的资深教师，其中不乏知名专家学者。他们兼具深厚的法学理论素养与丰富的公安执法实务经验，为丛书筑牢了坚实的专业支撑。在编写过程中，我们秉持总主编与出版社定框架、分册主编拟大纲、参编人员写初稿，再经分册主编统稿完善，最后由总主编审读定稿这一编写流程，旨在保障丛书集权威性、系统性、实用性于一体，兼具理论价值与实践价值，力求为读者呈现一套立足前沿、服务实战的治安管理法律知识精品。

由于编写时间仓促，疏漏之处在所难免，敬请广大读者批评指正！

李春华

2025 年 7 月

前　言

　　2025年6月27日，第十四届全国人民代表大会常务委员会第十六次会议对《治安管理处罚法》进行了全面修订。此次修订充分考量社会治安形势变化、社会公众的治安需求以及法治建设的方向，将新出现的影响社会治安的行为纳入管理范围，进一步优化、完善了办理治安案件的程序规定，为公安机关依法维护社会治安秩序，保障公共安全，保护公民、法人和其他组织的合法权益提供了更为完善的法律保障。

　　为广泛普及《治安管理处罚法》相关知识，增强公众法律意识，我们组织编写了这本普法读物。本书聚焦日常百态，注重从真实案件中汲取素材，编写案例展开阐述，对法条逐条分析与解读，下设【解疑惑】【辨差异】【举实例】【长知识】等模块，将复杂的法律条文转化为易于理解的表述，帮助读者认识维护社会治安的重要性，准确了解自身的权利与义务，提高自我保护能力，形成全社会共同遵守法律、维护治安的良好氛围。

　　本书由陈俊豪、冯燕担任主编并负责统稿，李春华审定。具体编写分工如下：陈俊豪编写第一章、第三章第四节、第六章；冯燕编写第二章、第四章第三节；张学永和马振华编写第三章第一节，崔向前编写第三章第二节，雷越编写第三章第三节；余定猛编写第四章第一节，司仲鹏编写第四章第二节；杨越编写第五章。

　　本书编写过程中参考了众多专家、学者的观点，得到了许多单位和朋友的帮助。在此一并致谢！由于作者水平有限，书中难免存在错漏之处，恳请读者批评指正。

陈俊豪　冯燕

2025 年 7 月

目　录

第一章 总则

第一条 为了维护社会治安秩序，保障公共安全，保护公民、法人和其他组织的合法权益，规范和保障公安机关及其人民警察依法履行治安管理职责，根据宪法，制定本法。

【解疑惑】什么是治安管理职责？

公安机关及其人民警察是武装性质的治安行政力量和刑事司法力量，治安管理是公安机关的重要职责。根据《中华人民共和国人民警察法》（以下简称《人民警察法》）第6条的规定，公安机关治安管理职责主要包括：维护社会治安秩序，制止危害社会治安秩序的行为；管理枪支弹药、管制刀具和易燃易爆、剧毒、放射性等危险物品；对法律、法规规定的特种行业进行管理；管理集会、游行、示威活动；户籍管理；维护国（边）境地区的治安秩序；指导和监督国家机关、社会团体、企业事业组织和重点建设工程的治安保卫工作，指导治安保卫委员会等群众性组织的治安防范工作；法律、法规规定的其他职责。

【辨差异】本法与《人民警察法》在立法目的上的区别

《人民警察法》第1条规定："为了维护国家安全和社会治安秩序，保护公民的合法权益，加强人民警察的队伍建设，从严治警，提高人民警察的素质，保障人民警察依法行使职权，保障改革开放和社会主义现代化建设的顺利进行，根据宪法，制定本法。"可见，本法与《人民警察法》在立法目的上确有相同之处，都是为了维护社会治安秩序，保护公民的合法权益，保障人民警察依法行使职权。但是，作为兼具行政法和组织法双重属性的《人民警察法》，侧重警察权的配置与公安机关的队伍建设，以此保障人民警察依法履职。而本法则聚焦违反治安管理行为及其处罚程序，旨在保障公安机关及其人民警察治安行政执法的规范化。换言之，前者规范人民警察内部职权的行使，后者规制外部的治安违法行为，二者共同构成治安行政执法体系的法律基础。

【长知识】规范和保障公安机关及其人民警察依法履行治安管理职责是本法的重要立法目的

为了保障公安机关及其人民警察维护社会治安秩序、保障公共安全，保护公民、法人和其他组织的合法权益，本法赋予了公安机关广泛的治安管理处罚权，包括立案权、调查取证权、治安强制权、处罚决定权和执行权等。同时，为了防止人民警察在治安案件查处过程中滥用权力，本法对办理治安案件的程序作了明确规定，并通过法制审核、审批等执法监督程序确保公安机关及其人民警察在办理治安案件的过程中，依法行使职权，以保障公民、法人和其他组织的合法权利。

第二条 治安管理工作坚持中国共产党的领导，坚持综合治理。

各级人民政府应当加强社会治安综合治理，采取有效措施，预防和化解社会矛盾纠纷，增进社会和谐，维护社会稳定。

【解疑惑】1. 治安管理工作为什么要坚持党的领导？

中国共产党是中国社会主义事业的领导核心，坚持中国共产党的领导是中国特色社会主义最本质的特征，也是中国特色社会主义制度的最大优势。坚持党的绝对领导是公安工作的根本原则。治安管理工作是公安工作的重要组成部分，直接关系到国家的长治久安和社会的和谐稳定。党的政策和方针是治安管理工作的重要依据，党的领导为治安管理工作提供了正确的政策指导和方向。可见，治安管理工作坚持党的领导，是确保治安管理工作方向正确、提高治安管理效能、维护社会稳定和国家安全的重要保障。

2. 什么是综合治理，治安管理工作为何要坚持综合治理？

综合治理是指在党和政府的领导下，动员和组织全社会的力量，运用政治的、法律的、行政的、经济的、文化的、教育的等各种手段，从根本上预防和减少违法犯罪，维护社会秩序，保障社会稳定的各种措施的总称。影响社会治安秩序的原因十分复杂，这些原因与国家的政治、经济、文化、教育水平和公民的道德修养、法律意识等高度相关。社会治安综合治理坚持"预防为主、重在治本"的原则，强调系统治理、依法治理、源头治理，注重从抑制和消除产生危害社会治安秩序的具体原因入手，最大限度地减少和防止违反法律、纪律、道德等行为的发生。治安管理工作应在各级党委、政府统一领导下，充分发挥公安机关的职能作用，整合各种社会资源，依靠政府各部门、各单位和人民群众的力量，运用多种治理手段共同解决社会问题和治理难题，更好地维护社会治安秩序，促进社会和谐稳定。

【举实例】治安调解是预防和化解社会矛盾纠纷，增进社会和谐的重要措施

人民调解、行政调解、司法调解是解决社会矛盾纠纷，维护社会稳定的重要措施。本条规定的"有效措施"主要是指治安调解，即要求公安机关在办理那些因民间纠纷引起的、情节较轻的治安案件时，应优先采取治安调解措施，消除矛盾纠纷，促进社会和谐，不能简单依靠治安管理处罚惩治违法行为人。例如，龚某某因与邻居李某有过节，将李某种植在自己鱼塘旁边的10棵小树苗砍断。本案中，龚某某的违法行为系邻里纠纷引起，符合治安调解的条件，公安机关应当优先考虑组织双方进行调解。

第三条 扰乱公共秩序，妨害公共安全，侵犯人身权利、财产权利，妨害社会管理，具有社会危害性，依照《中华人民共和国刑法》的规定构成犯罪的，依法追究刑事责任；尚不够刑事处罚的，由公安机关依照本法给予治安管理处罚。

【解疑惑】什么是违反治安管理行为，如何认定？

根据本条规定，违反治安管理行为是指扰乱公共秩序，妨害公共安全，侵犯人身权利、财产权利，妨害社会管理，具有社会危害性，尚不够刑事处罚，应由公安机关依法给予治安行政处罚的行为。违反治安管理行为具有以下基本特征：一是违反了本法以及其他治安管理法律、法规的规定，侵害了法律、法规所保护的特定利益，如公共秩序、公共安全等；二是具有一定的社会危害性，但其危害性是有一定限度的，危害性较大则可能涉嫌犯罪；三是应受治安管理处罚性，即给予违法行为人一定的惩罚性后果，使其承担一定的法律责任，从而起到警示和惩戒作用，使其不得再犯。

【辨差异】违反治安管理行为与犯罪行为的区别

根据《中华人民共和国刑法》（以下简称《刑法》）第13条的规定，犯罪是指危害国家主权、领土完整和安全，分裂国家、颠覆人民民主专政的政权和推翻社会主义制度，破坏社会秩序和经济秩序，侵犯国有财产或者劳动群众集体所有的财产，侵犯公民私人所有的财产，侵犯公民的人身权利、民主权利和其他权利，以及其他危害社会的行为，依照法律应当受刑罚处罚的行为。但是情节显著轻微危害不大的，不认为是犯罪。可见，违反治安管理行为与犯罪行为既有联系，也有区别。违反治安管理行为与犯罪行为侵犯的客体有重合之处，违反治安管理行为侵犯的客体包括社会治安秩序、公共安全、人身权利、财产权利和社会管理秩序。犯罪行为侵犯的客体除了社会治安秩序、公共安全、人身权利、财产权利和社会管理秩序外，还包括国家安全、社会主义制度、市场经济秩序等。另外，两者的违法情节和社会危害程度不一样，违反治安管理行为的社会危害程度比犯罪要低，违法情节较轻。

【举实例】故意伤害行为与故意伤害罪

赵某与李某某因债务纠纷发生口角，将手中的矿泉水瓶扔向李某某母女，将李某某女儿郭某脸部砸伤。赵某的丈夫张某见没有砸到李某某，于是上前一拳将李某某打倒在地，致其眼部外伤性蛛网膜下腔出血。后经鉴定，李某某为轻伤，郭某系轻微伤。赵某、张某均实施了故意伤害行为，但由于造成侵害对象的伤害程度不一样，赵某的行为构成违反治安管理的故意伤害行为，而张某的行为则构成故意伤害罪。

第四条　治安管理处罚的程序，适用本法的规定；本法没有规定的，适用《中华人民共和国行政处罚法》、《中华人民共和国行政强制法》的有关规定。

【解疑惑】实施治安管理处罚，本法没有规定处罚程序或者强制措施实施程序的怎么办？

治安管理处罚属于行政处罚的一种。对违反治安管理行为的调查和处罚程序一般按照本法的规定实施，本法没有规定的，依照《中华人民共和国行政处罚法》（以下简称《行政处罚法》）的规定实施处罚。以《行政处罚法》给治安管理处罚兜底，可以防止因立法疏漏而导致无法可依的情形发生或者需要给予治安管理处罚以外的行政处罚无法实施。如在治安案件查处过程中，需要对违法经营的单位实施责令整改、停业整顿、取缔等行政处罚的，因《治安管理处罚法》没有作出上述处罚规定，所以应依据《行政处罚法》的规定实施处罚。

在治安案件办理过程中，为制止违反治安管理行为、防止证据损毁、避免危害发生、控制危险扩大等情形发生，需要对公民的人身自由实施暂时性限制，或者对公民、法人或者其他组织的财物实施暂时性控制等强制措施的，如果《治安管理处罚法》没有规定实施程序的，依据《中华人民共和国行政强制法》(以下简称《行政强制法》)的规定实施。

【辨差异】治安管理处罚程序与其他行政处罚程序的区别

治安管理处罚程序与其他行政处罚程序基本上是一致的，有简易程序(也称当场处罚程序)和普通程序。对案情简单、事实清楚、因果关系明确、证据充分的违法行为可以适用简易程序。普通程序一般要经过立案、调查取证、告知、听证、审核、决定、执行等程序。但两者在当场处罚程序的适用条件上存在差别：行政处罚当场处罚的适用条件是对公民处以200元以下、对法人或者其他组织处以3000元以下罚款或者警告。治安管理处罚当场处罚的适用条件是对违反治安管理行为人处500元以下罚款或者警告，对单位处1000元以下罚款或者警告。

【举实例】依据《行政处罚法》实施治安管理处罚的情形

司机张某和烟花爆竹经销公司职工李某，装载烟花爆竹送到某销售网点进行销售，但没有到公安机关办理《烟花爆竹道路运输许可证》。运输车辆是司机王某所有的一台面包车，无危险物品运输资质证明文件，在运输途中被执勤民警查获。公安机关根据《治安管理处罚法》第36条的规定，对李某、王某以非法运输危险物质行为处10日拘留。根据《烟花爆竹安全管理条例》第36条规定，对经销公司以违法经营、运输烟花爆竹行为处10000元罚款，对违法运输的烟花爆竹予以没收。由于《治安管理处罚法》没有对"非法运输危险物质行为"处以罚款的规定，因此，对单位实施罚款、没收的处罚应依照《行政处罚法》规定的程序进行。

【长知识】某违法行为既违反了《治安管理处罚法》，又违反了其他法律法规的适用情形

我们把某个违反治安管理行为既违反了《治安管理处罚法》，又违反了其他行政法律法规的情形，称为"法条竞合"。例如，非法运输危险物质行为，既违反了《治安管理处罚法》，同时又违反了《烟花爆竹安全运输条例》《危险化学品安全管理条例》等行政法规。由于《治安管理处罚法》对"妨害公共安全"的违反治安管理行为只有"对直接责任人员和主管人员实施行政拘留处罚"的规定，没有规定其他处罚种类，如果需要对单位作出罚款、没收、责令整改、责令停产停业等行政处罚决定，应依据《行政处罚法》规定的程序实施。

第五条　在中华人民共和国领域内发生的违反治安管理行为，除法律有特别规定的外，适用本法。

在中华人民共和国船舶和航空器内发生的违反治安管理行为，除法律有特别规定的外，适用本法。

在外国船舶和航空器内发生的违反治安管理行为，依照中华人民共和国缔结或者参加的国际条约，中华人民共和国行使管辖权的，适用本法。

【解疑惑】本条中的"除法律有特别规定的外"是指哪些规定?

本条是对《治安管理处罚法》法律空间效力的规定，即在中华人民共和国领域内，或者中华人民共和国船舶和航空器内发生的违反治安管理行为，适应本法的规定。这里的"除法律有特别规定的外"是指根据《中华人民共和国外交特权与豁免条例》《中华人民共和国领事特权与豁免条例》《中华人民共和国领事保护与协助条例》等外交条例以及中华人民共和国签署的国际公约，为了保证各国外交人员不受驻在国法律体系的干扰，正常履行职责，开展工作，本着平等对待、相互尊重、互惠互利的原则，对驻在中国的他国外交代表及享有外交代表资格的人员给予一定的特殊权利和优惠待遇。享有外交特权和豁免权的外交人员在履行公务期间违反治安管理的，可以免受治安管理处罚，应通过外交途径解决，或者要求派遣国召回，或者由我国政府宣布其为不受欢迎的人，限期出境。另外，对在香港、澳门特别行政区发生的违反治安管理行为，依据香港、澳门特别行政区的相关法律规定实施。

【举实例】在中国航空器上扰乱秩序可依据本法实施处罚

中国公民李某乘坐在中国登记注册的国际航班前往他国，当飞行在第三国上空时，李某与他人因座位空间引起争吵，继而发生推搡，涉嫌扰乱公共交通工具上的秩序。因飞机所有权属于我国注册的航空公司，可视为在我国领域内，飞机降落目的地后，可以依据我国的《治安管理处罚法》对行为人李某实施治安管理处罚。

【长知识】《治安管理处罚法》的法律效力

本条是对《治安管理处罚法》适用范围的规定，也称之为法律的空间效力和对人的效力。空间效力，是指法律适用的地域范围；对人的效力，是指法律对哪些人适用。

第1款规定了本法适用的空间范围，即除法律有特别规定的以外，所有在我国领域内违反治安管理的违法行为人均适用本法。我国领域内是指中华人民共和国的国土范围内，包括领陆、领水、领空。根据我国承认的《维也纳外交关系公约》的规定，各国驻外大使馆、领事馆不受驻在国的司法管辖而受本国的司法管辖。因此，我国驻外大使馆、领事馆亦视同为我国领域，在其工作场所内发生的违反治安管理行为适用本法。

第2款规定在我国的船舶或者航空器内违反治安管理的适用本法。航行在外国海域或者飞行在外国领空的我国公民、法人或有关组织所有的船舶、航空器应认定为中华人民共和国领域的延伸空间，如果没有法律的特别规定，由我国公安机关管辖。

第3款规定属于外国公司、个人或其他组织所有的船舶或航空器，如果航行在我国海域内或者飞行在我国领空，发生了违反治安管理行为，应视为在我国领域内发生的违反治安管理行为。当然，根据外国法律的规定或者对等原则，外国也可认为是在其国家领域内犯罪，这就涉及管辖权的冲突问题，应按照我国与相关国家缔结或者参加的国际条约确定管辖权。

第六条　治安管理处罚必须以事实为依据，与违反治安管理的事实、性质、情节以及社会危害程度相当。

实施治安管理处罚，应当公开、公正，尊重和保障人权，保护公民的人格尊严。

办理治安案件应当坚持教育与处罚相结合的原则，充分释法说理，教育公民、法人或者其他组织自觉守法。

【解疑惑】1. 治安管理处罚的基本原则有哪些?

治安管理处罚的基本原则,是指导和规范公安机关实施治安管理处罚的行为准则,对规范公安机关及其人民警察公正执法具有重要意义。根据本法的规定,治安管理处罚包括以下几个基本原则。

一是以事实为依据原则。即治安管理处罚必须尊重客观事实,重证据、重调查研究,不能轻信、偏信一方当事人的陈述,靠主观判断,甚至毫无根据的猜测。

二是过罚相当原则。即治安管理处罚的种类、幅度,应当与违反治安管理行为的性质、情节、危害程度相一致,做到罚当其过,防止畸轻畸重。

三是公开原则。即治安管理处罚的依据、内容、程序和结果应向社会公开。通过将处罚依据公开,让公民知道哪些行为是法律允许的,哪些是法律所禁止的,从而预防和减少违反治安管理行为的发生。通过将处罚的内容、程序和结果公开,不仅保证了当事人的知情权,也便于公安机关接受社会监督。

四是公正原则。公正是法律的生命,是公安执法的核心价值追求。实施治安管理处罚时,对当事人应当平等对待,做到不偏不倚。公正包括程序公正和实体公正。程序公正是保证实体公正的前提,没有程序公正,实体公正是不可信、不完整的,如告知制度、回避制度、听证制度就是程序公正的具体体现。实体公正是指处罚的结果是公正的,实施治安管理处罚不能因人而异,要做到处罚决定与违反治安管理行为的性质、危害程度相一致。

五是保障人权原则。人权是指个人依法享有的生命健康权、人身自由权、人格尊严权等与人身相关的权利。公安机关在查处治安案件的调查取证、作出治安管理处罚决定或者执行治安管理处罚过程中必须尊重和保障宪法和法律赋予公民的基本人权，不得非法限制违法行为人的人身自由，不得殴打或者采取殴打、威胁等非法手段获取证据，不得辱骂、侮辱、体罚、虐待违反治安管理行为人。

六是教育与处罚相结合原则。对违反治安管理行为人实施治安管理处罚，其目的就是让其认识到自己的错误，并按照法律的要求调整自己的行为，自觉遵守法律规则、履行法律义务。公安机关在实施治安管理处罚时，不能重处罚轻教育，应充分释法说理，教育公民、法人或者其他组织自觉守法，使行为人认识到自己的错误，积极承担违法后果和违法责任。

2. 治安管理处罚如何做到公平公正？

"法律面前人人平等"是我国司法执法的基本原则。公平公正执法也是治安管理处罚的重要原则和基本要求。然而，公平公正是一个较为抽象的概念，每个执法人员的认识都不一样，特别是在执法人员享有充分的自由裁量权的情况下，执法实践中很难做到绝对公平公正。衡量治安管理处罚是否公平公正，除了看公安机关是否遵守法定程序，是否正确适用法律外，还要看处罚结果是否符合社会公众的价值判断和道德评价标准。例如，公安机关在作出"罚款"的治安管理处罚决定时，还应当考虑被处罚人的实际承受能力，明显超出被处罚人实际承受能力的罚款，不但执行起来困难，也容易造成事实上的不公。

【举实例】"处罚过轻"违背了治安管理处罚的基本原则

李某与王某系邻居，因宅基地纠纷发生口角。李某当众用污秽下流的语言和手势对王某进行侮辱，引起了在场围观群众的公愤，王某气愤不过打了李某一记耳光。李某喊来母亲、媳妇共同对王某进行殴打。经医院诊断，王某"脑外伤综合征""双手挫伤，左中、下腹部挫伤"，住院治疗15天。

公安机关以双方都负有责任为由，依据《治安管理处罚法》第51条的规定，认定李某构成"殴打他人"行为，属于情节较轻的情形，并对其处罚款1000元。本案中，违法行为虽由邻里纠纷引起，但多人殴打一人，属于"殴打他人"违法行为中情节较重的情形，仅给予罚款1000元的处罚明显偏轻，法律适用中违反了"过罚相当"的基本原则，属于适用法律错误。

第七条 国务院公安部门负责全国的治安管理工作。县级以上地方各级人民政府公安机关负责本行政区域内的治安管理工作。

治安案件的管辖由国务院公安部门规定。

【解疑惑】什么是案件管辖，治安案件的管辖有哪些？

案件管辖，是指公安机关与其他行政机关以及公安机关内部在受理治安案件上的权限划分。治安案件的管辖主要包括地域管辖、级别管辖、协商管辖、指定管辖和专门管辖。

地域管辖，主要是指由违法行为地的公安机关管辖。违法行为地包括违法行为发生地和违法结果发生地。违法行为发生地，包括违法行为的实施地以及开始地、途经地、结束地等与违法行为有关的地点。如果由违法行为人居住地公安机关管辖更为适宜的，可以由其管辖，但是涉及卖淫、嫖娼、赌博、毒品的案件除外。

级别管辖，是指根据各级公安机关的职责确定其对治安案件的调查管辖范围。它是从纵向上划分上下级公安机关之间对治安案件的管辖分工。级别管辖主要根据违反治安管理行为的危害性、复杂程度，结合公安机关的职能、任务来确定。一般来说，治安案件由公安派出所进行管辖，对于案情重大、性质严重、情况复杂、危害影响较大或者违反治安管理行为人身份特殊和跨地区作案等案件，为了便于调动警力、物力，及时高效查处案件，由县级以上公安机关治安管理部门组织查处。

协商管辖，是指几个公安机关都有权管辖的案件，可以通过协商确定管辖权。例如，最初受理的公安机关和主要违法行为地公安机关都可以管辖时，可以通过双方协商确定管辖权。

指定管辖，是指两个或两个以上的公安机关之间因治安案件管辖权问题发生争议无法协商一致，报请共同的上级公安机关指定管辖。对于重大、复杂的案件，上级公安机关可以直接办理或者指定管辖。

专门管辖，是指铁路、港航、民航、林业、海关等"专门公安机关"在治安案件管辖上的分工。例如，森林公安机关管辖林区内发生的治安案件；海关缉私机构管辖阻碍海关缉私警察依法执行职务的治安案件。

【举实例】长途客车上发生的治安案件，多地公安机关有管辖权

李某从甲市出发，乘坐长途客车前往丙市，中途睡觉，醒来发现自己的钱包不见了，钱包内有人民币1000元以及身份证、驾驶证等证照。李某要求司机停车帮助查找，司机停靠乙市服务区帮助其问询未果。根据公安部的有关规定，对在行驶中的客车上发生的违反治安管理行为，始发地甲市、中途停靠地乙市、到达地丙市公安机关都可以管辖。为了不影响正常行使，避免给其他乘客造成不便，李某应选择到达地丙市公安机关报案比较合适，丙市公安机关应当立案调查。

【长知识】国务院公安部门的治安管理职责

本条第1款明确了全国治安管理工作的主管部门是公安部，各省、自治区、直辖市公安厅（局），市（州、盟）公安局，县（市、区）公安局负责本行政区域内的治安管理工作。国务院公安部门作为治安管理的最高机构，主要负责制定治安管理工作的方针、政策、规章，部署全国治安管理工作改革，组织、指挥、协调重大行动，处置全国性的治安事件和治安灾害事故，维护社会稳定，处置突发事件工作，并指导、监督、检查、考核地方各级公安机关治安管理政策、方针的贯彻实施情况。本条第2款明确治安案件的管辖由公安部规定，即授权公安部可以制定部门规章、规范性文件规定公安机关内部的治安案件的管辖权限和分工。

第八条 违反治安管理行为对他人造成损害的，除依照本法给予治安管理处罚外，行为人或者其监护人还应当依法承担民事责任。

违反治安管理行为构成犯罪，应当依法追究刑事责任的，不得以治安管理处罚代替刑事处罚。

【解疑惑】为什么违反治安管理行为人应承担民事责任？

侵犯人身权利、财产权利等违反治安管理行为具有行政违法性和民事侵权的双重特征，如果给他人造成人身、财产损害的，除了依法应当受治安管理处罚外，还应当依法承担民事责任。承担民事责任的范围、方式应依据《中华人民共和国民法典》（以下简称《民法典》）确定。民事侵权责任的范围包括因侵犯他人财产或人身权利造成的财产损失赔偿、精神损失赔偿。民事责任承担的方式主要有停止侵害、排除妨碍、消除危险、返还财产、恢复原状、赔偿损失、消除影响、恢复名誉、赔礼道歉等。以上方式既可以单独适用，也可以合并适用。

根据本法规定，违反治安管理行为人的行政法律责任应由违法行为人自己承担。未满18周岁的未成年人、精神病人违反治安管理，造成他人人身或财产损害的，可以从轻或者免于治安管理处罚，但依法应当承担民事责任。如果违法行为人是无民事行为能力或者限制民事行为能力人，且没有自己的收入来源和属于自己所有的财产的，应由其监护人承担民事责任。

【辨差异】治安管理处罚与刑事处罚的区别

本条第 2 款是对公安机关及其人民警察办理治安案件权力的约束性规定。对明显构成犯罪的违法行为，应依法移交或按照规定立案侦查，不能进行降格处理，不能以治安管理处罚代替、规避刑事处罚，否则将要承担相应的法律责任。治安管理处罚与刑事处罚的区别如表1-1所示：

表1-1　治安管理处罚与刑事处罚的区别

	治安管理处罚	刑事处罚
适用依据	《治安管理处罚法》及治安行政法律法规	《刑法》《刑事诉讼法》
适用对象	违反治安管理行为	犯罪
决定机关	公安机关	人民法院
处罚种类	警告、罚款、行政拘留、吊销许可证证件，限期出境、驱逐出境	管制、拘役、有期徒刑、无期徒刑、死刑，罚金、没收财产、剥夺政治权利、驱逐出境

【举实例】未成年人违法造成损失的，由监护人承担民事责任

小明（13岁）与小亮（14岁）系住在同一小区的同学，因在校发生口角，小明回家后往小亮家投掷石头，将小亮家的玻璃窗户砸坏，造成损失1000元。由于小明未满14岁，不需要承担治安行政法律责任，但其违法行为造成的财产损失应由其父母承担赔偿责任。

【长知识】治安案件中的受害人可以要求精神损害赔偿

侵犯人身权利的违反治安管理行为既是一种行政违法行

为，也是一种民事侵权行为，造成他人人身伤害的，依法应当承担民事责任，包括一定的精神损害赔偿。《民法典》第1183条规定："侵害自然人人身权益造成严重精神损害的，被侵权人有权请求精神损害赔偿。因故意或者重大过失侵害自然人具有人身意义的特定物造成严重精神损害的，被侵权人有权请求精神损害赔偿。"最高人民法院《关于确定民事侵权精神损害赔偿责任若干问题的解释》第1条规定，因人身权益或者具有人身意义的特定物受到侵害，向人民法院起诉请求赔偿精神损害的，人民法院应当依法予以受理。

第九条 对于因民间纠纷引起的打架斗殴或者损毁他人财物等违反治安管理行为，情节较轻的，公安机关可以调解处理。

调解处理治安案件，应当查明事实，并遵循合法、公正、自愿、及时的原则，注重教育和疏导，促进化解矛盾纠纷。

经公安机关调解，当事人达成协议的，不予处罚。经调解未达成协议或者达成协议后不履行的，公安机关应当依照本法的规定对违反治安管理行为作出处理，并告知当事人可以就民事争议依法向人民法院提起民事诉讼。

对属于第一款规定的调解范围的治安案件，公安机关作出处理决定前，当事人自行和解或者经人民调解委员会调解达成协议并履行，书面申请经公安机关认可的，不予处罚。

【解疑惑】1. 什么是民间纠纷？

民间纠纷，是指在公民之间、公民与单位之间发生的有关人身、财产权益和其他日常生活纠纷，如亲友、邻里、同事、在校学生之间因琐事引发的矛盾和冲突。民间纠纷的内容和形式多种多样，可以是经济纠纷、邻里纠纷、婚姻家庭纠纷等。民间纠纷多是私人之间的事务引起，但有时也可能对社会秩序和公共利益产生影响，可以通过协商、调解、仲裁等非诉讼方式予以解决。

2. 打架斗殴或者损毁他人财物等行为在什么情况下可以调解?

可以治安调解处理的打架斗殴或者损毁他人财物等违反治安管理行为应满足以下四个条件：一是属于打架斗殴、损毁他人财物等特定的违反治安管理行为；二是违反治安管理行为必须是因民间纠纷引起；三是违法情节较轻；四是需要征得双方当事人的同意，双方当事人自愿接受调解，而不是一方当事人单方面的意愿。公安机关办案人员可以做工作，提出调解处理意见，但不能采取欺骗、威胁手段迫使当事人同意接受调解。经公安机关调解，当事人达成协议的，可以不予处罚。经调解未达成协议或者达成协议后不履行的，公安机关可以再组织调解一次，调解不成的，应当依照本法的规定对违反治安管理行为作出处理。

【举实例】公安机关可以调解处理故意损毁他人财物行为

某县某某镇村民罗某芹、唐某红系邻居，房屋坐落较近。罗某芹家建房时水泥、砂石散落在唐某红家屋顶，加之建房时破坏了排水的道路，以致雨天水就流到唐家，导致两家人产生了矛盾。唐某红拿斧子把罗某芹家的花树和不锈钢围栏砍坏，被损财物价值近2000元。罗某芹电话报警。民警了解情况后，本着解决问题、化解矛盾、邻里和谐的原则，在充分调查的基础上，经过一个星期的努力，终于让双方握手言和。唐某红赔偿了对方损失，双方均表示互不追究，今后和睦相处。在村干部的见证下，双方签订了调解协议书并履行。公安机关对唐某红故意损毁财物的违反治安管理行为不再给予治安管理处罚。

【长知识】治安调解在治安案件查处中应优先适用

调解制度是一项具有中国特色的社会主义法律制度。中共中央、国务院《关于完善矛盾纠纷多元化解机制的意见》

明确要求，建立行政调解、司法调解和人民调解"三调联动"矛盾纠纷化解机制，鼓励通过先行调解等方式解决问题。因此，对于符合治安调解的案件，公安机关应优先使用调解方式进行处理。在调解处理治安案件中，应当查明事实，并遵循合法、公正、自愿、及时的原则，注重教育和疏导，使有过错的一方认识到自己的错误，另一方则作出让步，达成谅解。这样，不仅可以彻底解决矛盾纠纷，促进社会和谐，还可以避免诉讼，节约司法资源。

需要指出的是，自行和解和人民调解作为一种化解矛盾、消除纠纷的非诉讼纠纷解决方式，具有人民群众自我管理、自我教育、自我服务的属性。双方当事人或人民调解委员会可以对违反治安管理行为造成的损害赔偿进行协商处理，但无权对治安行政违法的责任作出处分。因此，自行和解或经人民调解达成协议并履行的，应向公安机关提出"不再给予治安管理处罚"的书面申请，经公安机关同意认可后，才能不再给予治安管理处罚。

第二章　处罚的种类和适用

第十条　治安管理处罚的种类分为：

（一）警告；

（二）罚款；

（三）行政拘留；

（四）吊销公安机关发放的许可证件。

对违反治安管理的外国人，可以附加适用限期出境或者驱逐出境。

【解疑惑】1. 治安管理处罚中的警告能否以口头形式作出？

治安管理处罚中的警告通常适用于初次、偶尔违反治安管理或者违反治安管理情节较轻的行为，是治安管理处罚中最轻的一种措施。此警告不同于口头的批评教育，后者只是道德谴责，并不具有法律上的强制力。根据相关法律规定，公安机关作出警告处罚应当制作处罚决定书，并加盖印章。处罚决定书应当场或2日内送达被处罚人；有被侵害人的，还应同时送达被侵害人。

2. 外国人违反治安管理的，如何适用限期出境或者驱逐出境？

限期出境，是指公安机关依法取消外国人在中国居留的资格，责令其在指定期限内离开中国的一种处罚措施。驱逐出境，是公安机关对在我国境内违反治安管理的外国人依法适用的，强制其离开我国国境的附加处罚。外国人在我国境内违反治安管理的，县级以上公安机关可以依照本法直接作出警告、罚款、行政拘留或者吊销公安机关发放的许可证件等治安管理处罚决定。对违反治安管理情节较重的外国人，还可以附加适用限期出境或者驱逐出境处罚。限期出境由县级以上公安机关决定，驱逐出境由公安部决定。公安部作出驱逐出境决定后，由承办机关宣布并执行。对外国人处以警告、罚款、行政拘留或者吊销公安机关发放的许可证件等处罚的，应在限期出境或者驱逐出境前执行完毕。

【辨差异】1. 罚款与罚金的区别

表2-1　罚款与罚金辨析

	罚款	罚金
法律性质	行政处罚	刑事处罚
适用对象	违反治安管理的自然人或单位	构成犯罪的自然人或单位
适用程序	公安机关依照行政处罚的程序决定	人民法院依照刑事诉讼的程序决定
数额要求	有明确的处罚数额，最高不超过5000元	无明确的数额规定，由人民法院根据犯罪情节自由裁量

2. 行政拘留与刑事拘留、司法拘留的区别

行政拘留也称为治安拘留，是公安机关依法对违反治安管理行为人所采取的一种限制人身自由的行政处罚措施。刑事拘留是一种刑事强制措施，是公安机关或人民检察院为了防止犯罪嫌疑人逃避侦查、审判或者继续进行犯罪活动，而对罪该逮捕的现行犯或者重大嫌疑分子所采取的剥夺其人身自由的临时措施。司法拘留是一种司法强制措施，是人民法院对所有在诉讼及执行过程中实施了妨害诉讼与执行行为的人（既包括诉讼当事人和其他诉讼参与人，也包括案外人）所依法采取的一种短期剥夺其人身自由的强制性

措施。

三者都是限制人身自由的强制措施，但它们在法律依据、适用对象、执行机关、期限以及法律后果等方面存在明显的区别。（1）法律依据不同。行政拘留是依据《治安管理处罚法》实施，刑事拘留依据《中华人民共和国刑事诉讼法》（以下简称《刑事诉讼法》）实施，司法拘留依据《中华人民共和国民事诉讼法》（以下简称《民事诉讼法》）和《中华人民共和国行政诉讼法》（以下简称《行政诉讼法》）实施。（2）适用对象不同。行政拘留针对的是违反治安管理法规但未构成犯罪的行为人；刑事拘留针对的是涉嫌犯罪的犯罪嫌疑人；司法拘留针对的是拒不履行法院判决、裁定或妨碍诉讼秩序的行为人。（3）执行机关不同。行政拘留、刑事拘留由公安机关执行；司法拘留由人民法院执行。（4）期限不同。行政拘留的期限一般为1～15日，多种违法行为的合并执行可延长至20日。刑事拘留的期限一般为3～7日，最长可延长至30日，但须经检察机关批准。司法拘留的期限一般为15日以下，特殊情况下可延长。（5）羁押场所不同。行政拘留、司法拘留羁押在拘留所；刑事拘留羁押在看守所。

第十一条　办理治安案件所查获的毒品、淫秽物品等违禁品，赌具、赌资、吸食、注射毒品的用具以及直接用于实施违反治安管理行为的本人所有的工具，应当收缴，按照规定处理。

违反治安管理所得的财物，追缴退还被侵害人；没有被侵害人的，登记造册，公开拍卖或者按照国家有关规定处理，所得款项上缴国库。

【辨差异】收缴与追缴的区别

收缴与追缴都是治安案件查处中对相关财物采取的强制措施，但两者存在一定区别：

一是适用的财物对象不同。收缴的对象和范围主要是指涉案的非法财物和直接用于实施违反治安管理行为的本人所有的工具。非法财物包括：（1）违禁品。包括毒品，淫秽物品以及邪教组织、会道门等迷信宣传品，恐怖主义宣传品等法律、法规明确规定禁止私自制造、销售、购买、持有、使用、存储和运输的物品。（2）赌具、赌资。即用于赌博的工具以及所下注的钱、物。（3）吸食、注射毒品的用具。追缴的范围是行为人因实施违反治安管理获得的利益，即违法所得，比如赃款、赃物及其收益等。

二是决定的机关不同。收缴和追缴一般由县级以上公安机关决定，但对违禁品，管制器具，吸食、注射毒品的用具以及价值在500元以下且当事人对财物价值无异议的非法财物，公安派出所可以决定收缴。对应当退还被侵害人的违法所得，不论价值大小，公安派出所都可以追缴。

【举实例】违反治安管理行为的涉案财物应依法收缴或追缴

某日，樊某路过"微利便利店"时发现店门上的窗户大开着，遂心生歹念。因店门过高，樊某便挪步到旁边赵某新开张的建材铺，谎称自己将钥匙误锁在便利店内，想借用梯子翻窗户进去。赵某信以为真，便将梯子借与樊某。樊某用梯子翻窗入室后，用自带的螺丝刀撬开收银的抽屉，窃得手表1块（价值200元）、现金350元，后被巡逻民警抓获。本案中，螺丝刀系樊某自带的用以实施盗窃行为的工具，应当予以收缴。手表及现金是樊某盗窃所得的财物，应当追缴后退还给被侵害人"微利便利店"。梯子虽然也是樊某用于盗窃的工具，但它属于赵某所有，而赵某对樊某的盗窃行为并不知情，故不能收缴。

第十二条 已满十四周岁不满十八周岁的人违反治安管理的，

从轻或者减轻处罚；不满十四周岁的人违反治安管理的，不予处罚，但是应当责令其监护人严加管教。

【解疑惑】1. 如何理解违反治安管理行为人的责任年龄?

责任年龄，是指由本法规定的行为人应对自己的违反治安管理行为负责任的最低年龄。根据本条规定，违反治安管理行为人的责任年龄分为完全责任年龄、不完全责任年龄及不负责任年龄具体规定如下：（1）不满14周岁的未成年人，不用负法律责任，但公安机关可以责令其监护人严加管教。（2）已满14周岁、不满18周岁的未成年人，负不完全法律责任，应从轻或者减轻处罚。（3）已满18周岁的成年人违反治安管理的，应当负完全法律责任。违反治安管理行为人的年龄应当以其实施违法行为时的年龄为准。年龄的计算以公历的年、月、日为准，满12个月为1周岁，从周岁生日的第二天起算满岁。例如，"已满14周岁"，应当从14周岁生日的第二天算起。

2. 监护人对未成年人应当如何"严加管教"?

未成年人的父母或者其他监护人承担对未成年人实施家庭教育的主体责任，对预防未成年人违法犯罪负有直接责任。首先，发现未成年人心理或者行为异常的，应当及时了解情况并进行教育、引导和劝诫。发现有不良行为的，应当及时制止并加强管教。发现有人教唆、胁迫、引诱未成年人实施严重不良行为的，应当立即向公安机关报告。其次，应当配合学校对未成年学生开展有针对性的预防犯罪教育，协助公安机关对有严重不良行为的未成年人实施矫治教育，不得妨碍阻挠或者放任不管。最后，对有严重不良行为的未成年人无力管教或者管教无效的，可以向教育行政部门提出申请，经专门教育指导委员会评估同意后，由教育行政部门决定送入专门学校接受专门教育。

【长知识】未成年人行政责任年龄与刑事责任年龄的比较

表2-2　未成年人的行政与刑事责任年龄法律适用比较

不同年龄阶段的未成年人	需要承担的法律责任	
	行政法律责任	刑事法律责任
已满16周岁不满18周岁	● 应当从轻或者减轻处罚 ● 初次违反治安管理，依法应当给予行政拘留处罚的，不执行行政拘留处罚。但是，如果违反治安管理情节严重、影响恶劣的，可以执行行政拘留	应当负刑事责任，但应从轻或减轻处罚
已满14周岁不满16周岁	● 应当从轻或者减轻处罚 ● 依法应当给予行政拘留处罚的，一般不执行行政拘留处罚。但是，如果违反治安管理情节严重、影响恶劣，或者在一年以内两次以上违反治安管理的，可以执行行政拘留	犯故意杀人、故意伤害致人重伤或者死亡、强奸、抢劫、贩卖毒品、放火、爆炸、投放危险物质罪的，应当负刑事责任，但应从轻或减轻处罚
已满12周岁不满14周岁	无责任	犯故意杀人、故意伤害罪，致人死亡或者以特别残忍手段致人重伤造成严重残疾，情节恶劣，经最高人民检察院核准追诉的，应当负刑事责任

　　第十三条　精神病人、智力残疾人在不能辨认或者不能控制自己行为的时候违反治安管理的，不予处罚，但是应当责令其监护人加强看护管理和治疗。间歇性的精神病人在精神正常的时候违反治安管理的，应当给予处罚。尚未完全丧失辨认或者控制自己行为能力的精神病人、智力残疾人违反治安管理的，应当给予处罚，但是可以从轻或者减轻处罚。

【解疑惑】精神病人或智力残疾人员违反治安管理要受处罚吗?

违反治安管理行为应受治安管理处罚的前提是行为人具有一定的行为能力,即行为人能够辨认和控制自己的行为。精神病人及智力残疾人因其精神或生理而致的疾病或缺陷,在一定条件下有可能会丧失必要的责任能力,故本条对精神病人和智力残疾人违反治安管理的法律责任,区分不同情形作了相应规定:(1)精神病人和智力残疾人在不能辨认或者不能控制自己行为时实施违反治安管理行为的,因其不具备相应的责任能力,故对其所实施的违反治安管理行为依法不予处罚,但是应当责令其监护人加强看护管理和治疗;(2)精神病人和智力残疾人在尚未完全丧失辨认或者控制自己行为的能力时所实施的违反治安管理行为,应当给予处罚,但是可以从轻或者减轻处罚;(3)间歇性的精神病人在精神正常的时候违反治安管理的,应当给予处罚。

需要注意的是,根据《民法典》的规定,如果精神病人和智力残疾人的违法行为造成了他人人身伤害或财产损失的,其监护人应当承担相应的侵权赔偿责任。如果违法行为人本人拥有财产,应从其本人财产中支付赔偿费用。监护人已经尽到监护职责的,可以减轻其侵权责任。[①]

第十四条　盲人或者又聋又哑的人违反治安管理的,可以从轻、减轻或者不予处罚。

---

① 《民法典》第 1188 条:无民事行为能力人、限制民事行为能力人造成他人损害的,由监护人承担侵权责任。监护人尽到监护职责的,可以减轻其侵权责任。有财产的无民事行为能力人、限制民事行为能力人造成他人损害的,从本人财产中支付赔偿费用;不足部分,由监护人赔偿。

【解疑惑】盲人或又聋又哑的人违反治安管理的，必然会被从轻、减轻或不予处罚吗？

盲人或又聋又哑的人所丧失的只是部分生理机能，而非完全丧失辨认和控制能力，但由于生理上的缺陷，他们在辨认和控制自己的行为方面存在一定的局限，故可以视情形从轻、减轻或不予处罚。但这并不意味着对他们一律从轻、减轻或不予处罚。如果违反治安管理行为与生理缺陷无必然联系则不能适用从轻、减轻或不予处罚。比如，盲人甲和聋哑人乙长期合作，以甲的生理缺陷为掩护麻痹四周的人，在早、晚高峰时段的地铁上实施盗窃，其违法行为与生理缺陷无关，不适用从轻、减轻处罚。

第十五条 醉酒的人违反治安管理的，应当给予处罚。

醉酒的人在醉酒状态中，对本人有危险或者对他人的人身、财产或者公共安全有威胁的，应当对其采取保护性措施约束至酒醒。

【解疑惑】醉酒的人违反治安管理的，都要被处罚吗？

醉酒可以分为病理性醉酒和生理性醉酒。病理性醉酒，是指因醉酒而引发的短暂性精神障碍，在医学和司法精神病学上被视为一种精神疾病。此类人违反治安管理的，按照精神病人的相关规定处理。生理性醉酒，是指因饮酒过量而导致的精神过度兴奋甚至出现神志不清等状况。本法条中的"醉酒"人仅限于后者。过量饮酒后，行为人的辨认和控制能力会有所减弱甚至失去控制，对此，行为人在喝酒之前就已明知却选择为之，因而须为自己的行为承担相应的法律责任。

【长知识】公安机关可以对醉酒人采取必要的约束措施

醉酒人在醉酒状态中，对本人有危险或者对他人的人身、财产或者公共安全有威胁的，公安机关人民警察可以对其采取保护性措施约束至酒醒，也可以通知其家属、亲友或者所属单位将其领回看管，必要时，应当送医院醒酒。对行为举止失控的醉酒人，可以视情形使用徒手或钢叉等警械予以制止；同时，在不伤害醉酒人的前提下，可以使用约束带或者警绳将其约束至酒醒，但不得使用手铐、脚镣等警械。约束醒酒过程中，应当加强监护，确保醉酒人员的安全，防止意外发生。

第十六条 有两种以上违反治安管理行为的，分别决定，合并执行处罚。行政拘留处罚合并执行的，最长不超过二十日。

【解疑惑】1. 如何认定"有两种以上违反治安管理行为"？

有两种以上违反治安管理行为，是指一个人同时实施了两种或两种以上的违反本法的行为。比如，在某小区居住的张某因琐事与邻居发生纠纷，先是动手将其打成轻微伤，几天后又故意用树枝把邻居的车门划了一道印迹，被定损1500元。张某构成了殴打他人和故意损毁他人财物两种违反治安管理行为。对两种以上违反治安管理行为的判断，应当以违法行为的构成要件为认定依据，而非行为人表面上实施了多少个行为动作。有时，行为人的多个行为动作在法律上有可能仅成立一个违法行为或者按照一种行为论处。例如，连续行为、继续行为、牵连行为、想象竞合行为都只能按照一种行为进行处罚。

2. 如何理解"分别决定，合并执行处罚"？

分别决定，是指对违反治安管理行为人的两个或者两个以上违反治安管理行为分别根据法律规定作出处罚决定。合并执行，是指将所有处罚决定合并为一个执行计划，统一执行所有处罚，确保执行的连贯性和有效性。罚款以及其他处罚的合并执行可以简单相加，但行政拘留合并执行的，最长不超过20天。"分别决定，合并执行处罚"原则既保证了违法行为得到应有的处罚，又提高了处罚执行的工作效率，减少了执法资源的浪费。

第十七条 共同违反治安管理的，根据行为人在违反治安管理行为中所起的作用，分别处罚。

教唆、胁迫、诱骗他人违反治安管理的，按照其教唆、胁迫、诱骗的行为处罚。

【解疑惑】如何正确理解"共同违反治安管理行为"？

共同违反治安管理行为，是指两人以上共同参与实施了同一个违反治安管理行为。对共同违反治安管理行为人，应按照"责任相同、处罚相同，责任有别、处罚相异"的原则，分别确定各自所应承担的法律责任，分别给予相应的处罚。对教唆、胁迫、诱骗他人违反治安管理的，则应按照其所教唆、胁迫、诱骗的行为处罚。教唆未成年人违反治安管理的人，从重处罚。因受他人胁迫或诱骗而实施违反治安管理行为的，应当从轻、减轻或者不予处罚。比如，教唆他人盗窃的，对教唆者应当按照盗窃行为进行处罚。

此外，根据相关司法解释，两人以上对同一被侵害人共同故意实施伤害行为，无论是否能够证明伤害结果是由哪一个违法嫌疑人的行为造成的，均按照共同违法行为认定处理，并根据各自在共同违法行为中的地位、作用、情节等追究责任。对虽然在伤害现场，但并无伤害故意和伤害行为的人员，不能认定为共同违法。①

---

① 参见最高人民检察院、公安部《关于依法妥善办理轻伤害案件的指导意见》（2022年12月22日）。

第十八条　单位违反治安管理的，对其直接负责的主管人员和其他直接责任人员依照本法的规定处罚。其他法律、行政法规对同一行为规定给予单位处罚的，依照其规定处罚。

【解疑惑】单位违反治安管理的，如何实施处罚？

单位违反治安管理，是指在单位意志支配下，单位负责人或其他人员为了单位利益，以单位名义实施的依法应负治安行政责任的行为。单位违法只能是单位的法定代表人、代理人或者其他直接责任人员在其职务或业务范围内实施的行为，且必须是以单位名义并为单位利益而实施。

对单位的违反治安管理行为一般实行"单罚制"，即只对单位直接负责的主管人员和其他直接责任人员予以治安管理处罚。如果其他行政法律法规明确规定了对该违法行为由公安机关给予单位警告、罚款、没收违法所得、没收非法财物等处罚的，则采用"双罚制"，即对单位直接负责的主管人员和其他直接责任人员的处罚适用本法的规定，对单位的处罚适用其他行政法律法规。

【长知识】单位违反治安管理行为的特征

首先，只能是单位的法定代表人、代理人或者其他直接责任人员，在其职务或业务范围内实施的；抑或是不履行其法定职责而违反治安管理的。如果超出其法定职务范围或单位的授权范围而违反治安管理的，属于自然人个人的违法行为。其次，单位的法定代表人、代理人、业务人员等直接责任人员的活动，必须是以单位名义并为单位利益而实施的；或者是单位应该履行的法定义务而不履行的。如果仅仅是个人行为或假借单位名义实则为个人牟利的，应当认定为自然人个人的违反治安管理行为。

第十九条 为了免受正在进行的不法侵害而采取的制止行为，造成损害的，不属于违反治安管理行为，不受处罚；制止行为明显超过必要限度，造成较大损害的，依法给予处罚，但是应当减轻处罚；情节较轻的，不予处罚。

【辨差异】正当防卫行为与互殴型故意伤害行为的区别

为了免受正在进行的不法侵害而采取的制止行为，造成损害的，属于正当防卫。实施正当防卫不能明显超过必要限度，造成不应有的损害。

对于如何准确区分正当防卫行为与互殴型故意伤害行为，2022年10月，最高人民检察院、公安部在《关于依法妥善办理轻伤害案件的指导意见》中明确指出，要坚持主客观相统一的原则，综合考察案发起因、对冲突升级是否有过错、是否使用或者准备使用凶器、是否采用明显不相当的暴力、是否纠集他人参与打斗等客观情节，准确判断行为人的主观意图和行为性质。

因琐事发生争执，双方均不能保持克制而引发打斗，对于过错的一方先动手且手段明显过激，或者一方先动手，在对方努力避免冲突的情况下仍继续侵害，还击一方造成对方伤害的，一般应当认定为正当防卫。故意挑拨对方实施不法侵害，借机伤害对方的，一般不认定为正当防卫。

第二十条 违反治安管理有下列情形之一的，从轻、减轻或者不予处罚：

（一）情节轻微的；

（二）主动消除或者减轻违法后果的；

（三）取得被侵害人谅解的；

（四）出于他人胁迫或者诱骗的；

（五）主动投案，向公安机关如实陈述自己的违法行为的；

（六）有立功表现的。

【解疑惑】1. 如何认定违法行为是否属于情节轻微？

情节轻微，是指违反治安管理行为的社会危害性及行为人的主观恶性较小，并且没有造成严重的社会影响或危害后果。情节是否轻微需要结合案件的具体情况，综合考虑违法行为人的动机、目的、主观恶性以及客观上所采用的手段、方法、结果等因素。主要从以下三个方面进行判断：（1）看违法的目的与动机。如果行为人的目的、动机是维护自己的合法权益或者出于其他主客观原因而非恶意违反治安管理，并且没有造成严重后果的，可以认定为情节轻微。（2）看行为人的主观恶性程度。如果行为人是由于过失而违反治安管理的，其主观恶性较之故意通常为低。此外，行为人一贯表现良好且悔过态度较好的，也表明其主观恶性较小。（3）看违法的手段及其后果。如果行为人采用的手段非常轻微，没有使用暴力、威胁等严重手段，并且没有造成严重的后果，可以认定为情节轻微。

2. 减轻处罚如何适用？

减轻处罚，是指公安机关在法定的处罚种类和处罚幅度最低限度以下，对违反治安管理行为人适用治安行政处罚。具体而言，减轻处罚有如下四种情形：（1）法定处罚种类只有一种，在该法定处罚种类的幅度以下减轻处罚。比如，某甲因组织他人作弊获利900元，按照《治安管理处罚法》第27条应当"处一千元以上三千元以下罚款"。倘若他因情节轻微等原因应当减轻处罚，则其实际被罚款的数额应低于1000元。（2）法定处罚种类只有一种，在该法定处罚种类的幅度以下无法再减轻处罚的，不予处罚。比如，某乙因放任自己饲养的宠物狗恐吓小区其他业主，依法应当处1000元以下罚款。如果他积极与被侵害人沟通，取得其谅解的，公安机关在对该行为减轻处罚时，因"一千元以下"已经包含了能够给予的最低罚款数额，故不再予以处罚。（3）规定拘留并处罚款的，在法定处罚幅度以下单独或者同时减轻拘留和罚款，或者在法定处罚幅度内单处拘留。（4）规定拘留可以并处罚款的，在拘留的法定处罚幅度以下减轻处罚；在拘留的法定处罚幅度以下无法再减轻处罚的，不予处罚。换言之，在依法规定拘留可以并处罚款的情形下，减轻处罚时只在拘留天数上做减法，不再给予罚款处罚。比如，某丙非法携带管制器具被公安机关查获，依法应当"处五日以下拘留，可以并处一千元以下罚款"。倘若他有本条所列情节，公安机关在对其减轻处罚时，因该拘留的法定处罚幅度为1～5日，无法再减轻，故对某丙的这一行为不再处罚。但是，如果某丙非法携带管制器具欲搭乘地铁而被安检人员发现，依法应当"处五日以上十日以下拘留，可以并处一千元以下罚款"，此时公安机关如果对某丙减轻处罚，则只能处以1～4日的拘留。

【辨差异】《治安管理处罚法》第20条规定的"不予处罚"与第12条中"不予处罚"的区别

（1）《治安管理处罚法》第20条的"不予处罚"是"当罚而不罚"，即公安机关对已经构成违反治安管理的行为，本应依照法律、法规的规定给予相应的治安行政处罚，但由于法定理由或者情节的存在，而对其免除适用行政处罚的一种决定。这种"免除"仅仅针对行为的处理结果，而非对行为性质本身的评价。比如，行为人虽然违反了治安管理，但是如果具有情节轻微、主动消除或者减轻违法后果、取得了被侵害人谅解等情形的，公安机关都有可能因此而不予处罚。此外，《治安管理处罚法》第14条中，盲人或者又聋又哑的人违反治安管理的，"可以"不予处罚，也属于此类。

（2）《治安管理处罚法》第12条中的"不予处罚"是"本不当罚"，即行为虽然在形式上违反了治安管理，但因欠缺违反治安管理行为的构成要件而实质上并不构成违反治安管理行为，因而本不应当给予行政处罚。比如，不满14周岁的未成年人以及不能辨认或者不能控制自己行为的精神病人违反治安管理的，因其欠缺违反治安管理行为的主体要件（即达到法定责任年龄、具有责任能力），因而并不构成行政处罚意义上的违法，不能对其进行处罚。

【举实例】结果只是认定"情节轻微"的其中一个因素

一般而言，情节轻微是指违反治安管理行为的社会危害性及行为人的主观恶性都非常小，并且没有造成严重的社会影响或危害后果。认定某一违反治安管理行为是否属于情节轻微时，要坚持主客观相统一原则，综合考量行为人的动机、手段、过错以及所造成的危害结果等因素，避免"唯结果论"和"谁受伤（重）谁有理"。例如，周某系某村支部书记，根据政府安排，负责清理本村范围内国道两侧沿线乱堆乱放的专项整治工作。某日下午，周某发现宋某在路边卸沙子，遂上前予以制止，但宋某未予理会，两人很快由言语冲突上升为肢体冲突，扭打在一起。后经法医鉴定，宋某"头部外伤后反应，左眼眶周围软组织挫伤"，属于轻微伤；周某"颜面部及全身多处外伤"，尚不构成轻微伤。本案中，虽然双方所受伤害的结果不同，但双方均有过错，且都能积极配合公安机关开展调查，因而均属于情节轻微，公安机关遂依法给予宋某罚款200元、周某罚款500元的处罚。

【长知识】主动投案与有立功表现

主动投案，是指违法案件尚未被公安机关发觉；或者虽然已被发觉，但公安机关尚未查出违法嫌疑人；或者虽然已经查出了违法嫌疑人，但尚未对其进行传唤或询问时，违法行为人即主动向公安机关投案自首。违法行为人主动投案后，还必须如实陈述自己的违法行为，才能对其从轻、减轻或者不予处罚。违法行为人供述的身份等情况与真实情况虽有差别，但不影响违法行为的认定和处罚的，应认定为如实陈述自己的违法行为。此外，违法行为人表达对自己行为的认识及所进行的辩解，是其行使陈述权与申辩权的法定权利，不影响认定其如实陈述自己的违法行为。

立功表现，是指违法行为人检举揭发他人的违法犯罪行为，经查证属实；或者提供重要线索，从而得以破获其他案件的；或者积极做有关当事人的工作，帮助公安机关顺利查处违法犯罪案件，效果明显的。此外，违法行为人在实施违法行为后，有其他有利于国家和社会的突出表现，如见义勇为表现突出的，也应视为有立功表现。

第二十一条 违反治安管理行为人自愿向公安机关如实陈述自己的违法行为，承认违法事实，愿意接受处罚的，可以依法从宽处理。

【长知识】治安管理处罚中的"认错认罚从宽"制度

"认错认罚从宽"制度源于刑事司法领域的"认罪认罚从宽"制度，具体是指有认识能力的违反治安管理行为人在主观上自愿承认其行为的违法性，客观上愿意接受公安机关依法所作出的行政处罚，包括处罚的种类、处罚的幅度以及处罚所适用的法律依据，公安机关在作出处罚决定时，得以在法定的处罚种类和幅度内，自由裁量适用从轻、减轻或不予处罚。这一制度的运行对违反治安管理行为人而言，可以通过自愿认错认罚而取得公安机关的从宽处理；对公安机关而言，一方面可以节省案件调查所需耗费的时间与精力，从而提高工作效率，另一方面也有助于矛盾纠纷的有效化解。

第二十二条　违反治安管理有下列情形之一的，从重处罚：

（一）有较严重后果的；

（二）教唆、胁迫、诱骗他人违反治安管理的；

（三）对报案人、控告人、举报人、证人打击报复的；

（四）一年以内曾受过治安管理处罚的。

【解疑惑】如何理解"一年以内曾受过治安管理处罚"？

这是对屡次违反治安管理行为从重处罚的规定。"一年以内"，是指行为人从公安机关对其上一个违反治安管理行为作出处罚决定之日起的1年以内又实施违反治安管理行为。违反治安管理行为人申请行政复议或者提起行政诉讼的，不影响起算时间的计算。"曾受过治安管理处罚"，是指行为人曾因违反治安管理已经被公安机关给予过警告、罚款、行政拘留等治安行政处罚。行为人1年以内曾受过治安管理处罚且屡教不改，说明其恶习深重，难思悔改，因而应从重处罚，以示惩戒。

第二十三条　违反治安管理行为人有下列情形之一，依照本法应当给予行政拘留处罚的，不执行行政拘留处罚：

（一）已满十四周岁不满十六周岁的；

（二）已满十六周岁不满十八周岁，初次违反治安管理的；

（三）七十周岁以上的；

（四）怀孕或者哺乳自己不满一周岁婴儿的。

前款第一项、第二项、第三项规定的行为人违反治安管理情节严重、影响恶劣的，或者第一项、第三项规定的行为人在一年以内二次以上违反治安管理的，不受前款规定的限制。

【解疑惑】1. 行政拘留处罚为何会不执行？

法律面前人人平等是法治国家的一项基本原则。但是，行政拘留是剥夺人身自由最为严厉的治安管理处罚，对一些特殊群体规定行政拘留不执行，可以在维护法律权威的同时，体现对弱势群体的人道主义关怀，以兼顾社会和谐与执法效率的统一。具体理由如下：（1）未成年人的心智尚不成熟，行政拘留的执行会对其身心造成较大伤害，不利于其后续的改邪归正与重拾自我。对其附条件不执行行政拘留，既是治安管理处罚法坚持教育为主、惩罚为辅原则的具体体现，又是促进未成年人健康成长的特殊保障所需。（2）70周岁以上老人的各项生理机能均有所减退，密闭环境下的行政拘留可能会引发老年人的健康风险；另外，老年人实施的违反治安管理行为普遍情节较轻，社会危害性较小，对其附条件的不执行拘留有助于减少社会矛盾，促进社会和谐。（3）怀孕或者哺乳自己不满1周岁婴儿的妇女不执行行政拘留处罚，这可以避免对孕妇的身体健康和婴儿的发育成长产生不利影响，是社会主义法律制度中人道主义原则的直接体现。

2. 哪些人可以"不执行行政拘留"？

不执行行政拘留并不是对特定群体的违反治安管理行为人不处罚，而是由于法律的特殊规定，对其依法给予行政拘留处罚后，不实际执行该行政拘留。在具体适用规则上，本条作了如下差别性规定：

（1）附条件的不执行。已满14周岁不满16周岁或者已满16周岁不满18周岁、初次违反治安管理的未成年人以及70周岁以上的老人，除非其违反治安管理的情节严重且影响恶劣，或者1年内有2次以上违反治安管理行为，否则，公安机关在作出行政拘留的处罚决定后，并不会将其投送至拘留所予以现实执行。

（2）无条件的不执行。怀孕或者哺乳自己不满1周岁婴儿的妇女违反治安管理的，一律不执行行政拘留处罚。考虑到制定本条的目的一方面是维护妇女的合法权益，另一方面也是为了确保婴儿的健康成长，因而，此处的"不满1周岁婴儿"应当既包括妇女的亲生子女，也包括与其存在合法收养关系的婴儿。

需要注意的是，上述未成年人、老年人、婴儿的年龄以及妇女的怀孕状况，均以行为人实施违反治安管理行为时或者正要执行行政拘留时的实际情况确定。

3. 如何理解"初次违反治安管理"？

"初次违反治安管理"，是指行为人的违反治安管理行为第一次被公安机关发现或者查处。但具有下列情形之一的，不属于"初次违反治安管理"：（1）曾违反治安管理，虽未被公安机关发现或者查处，但仍在法定追究时效内的；（2）曾因不满16周岁违反治安管理，不执行行政拘留的；（3）曾违反治安管理，经公安机关调解结案的；（4）曾因实施扰乱公共秩序，妨害公共安全，侵犯人身权利、财产权利，妨害社会管理的行为被人民法院判处刑罚或者免除刑事处罚的。

【辩差异】不执行行政拘留与不予行政拘留的区别

"不执行行政拘留"与"不予行政拘留"是两个不同的概念。不执行行政拘留，是指公安机关对已满14周岁不满16周岁、已满16周岁不满18周岁，初次违反治安管理、70周岁以上的老年人以及怀孕或者哺乳自己不满1周岁婴儿的特殊违法行为人作出行政拘留的处罚决定后，不送达拘留所执行的一项治安管理处罚执行制度。不予行政拘留，是指行为人不构成违反治安管理行为，或者违法事实情节轻微，依照治安管理处罚法不应给予行政拘留处罚的法律适用活动。作出行政拘留处罚决定后不执行，本身是从法律上对行为人的违反治安管理行为予以确定，公安机关可以据此确定行为人有了违法经历，行为人再次实施违法行为时，可以依法从重处罚。不予行政拘留则是从法律上对行为人的违反治安管理行为予以否定，公安机关也不能据此确定行为人有了违法经历。如已满16周岁不满18周岁的未成年人因初次违反治安管理而未被执行行政拘留处罚的，若其1年内再次违反治安管理且依法应当被处以行政拘留处罚时，不仅该行政拘留必然会被执行，而且会因"一年以内曾受过治安管理处罚"而被从重处罚。

第二十四条　对依照本法第十二条规定不予处罚或者依照本法第二十三条规定不执行行政拘留处罚的未成年人，公安机关依照《中华人民共和国预防未成年人犯罪法》的规定采取相应矫治教育等措施。

【长知识】对未成年人的矫治教育措施有哪些?

对于违反治安管理时不满14周岁，或者已满14周岁、但依法不执行行政拘留处罚的未成年人，公安机关依照《中华人民共和国预防未成年人犯罪法》（以下简称《预防未成年人犯罪法》），可以采取训诫，责令具结悔过，责令定期报告活动情况，责令遵守特定的行为规范，不得实施特定行为、接触特定人员或者进入特定场所，责令接受心理辅导、行为矫治，责令参加社会服务活动，责令接受社会观护，由社会组织、有关机构在适当场所对未成年人进行教育、监督和管束等矫治教育措施。公安机关在对未成年人进行矫治教育时，可以根据需要邀请学校、居民委员会、村民委员会以及社会工作服务机构等社会组织参与。未成年人的父母或者其他监护人应当积极配合矫治教育措施的实施，不得妨碍阻挠或者放任不管。此外，未成年人如果实施严重危害社会的行为，情节恶劣或者造成严重后果、拒不接受或者配合公安机关的矫治教育措施等的，经专门教育指导委员会评估同意，教育行政部门会同公安机关可以决定将其送入专门学校接受专门教育。①

第二十五条　违反治安管理行为在六个月以内没有被公安机关发现的，不再处罚。

前款规定的期限，从违反治安管理行为发生之日起计算；违反治安管理行为有连续或者继续状态的，从行为终了之日起计算。

【解疑惑】如何理解"没有被公安机关发现"？

本条是对违法行为追究时效的规定，是为了确保治安管理处罚的及时性和执法效率。"发现"是指公安机关通过自己的工作发现发生了违反治安管理的事实，包括接到有关该事实的报案、控告、举报，或者违反治安管理行为人自己向公安机关主动投案。可见，"没有被公安机关发现"是指公安机关没有发现违法事实，而非违法行为人。公安机关的"发现"应当以立案为标准。如果公安机关在6个月前已立案，则不论何时追查到违反治安管理行为人，均可对其实施处罚。需要强调的是，如果被侵害人在违法行为追究时效内已经向公安机关控告，公安机关应当立案而不立案的，不受6个月追究时效的限制。

【辨差异】连续行为与继续行为的区别

对于处于连续或者继续状态的违反治安管理行为，其追究时效应当从行为终了之日起计算。连续行为与继续行为的区别如表2-3所示。

---

① 参见《预防未成年人犯罪法》第41、42、44条。

表2-3　连续行为与继续行为的区别

	连续行为	继续行为
行为概念	公安机关作出处罚决定前，连续实施的同一种类的违反治安管理行为	违法行为实施后，行为所造成的违法状态在一定时间内持续存在的违反治安管理行为
行为异同	违法行为在时间上均呈现出一定的延续性	
	时间上有间隔	时间上无间隔
行为举例	在一段时间内多次殴打他人或连续多次实施盗窃	虐待家庭成员、吸食毒品、非法限制他人人身自由
行为处罚	综合考虑行为的起因、情节、手段等，按照一个违法行为，从重处罚	按照一个违法行为予以处罚

第三章　违反治安管理的行为和处罚

第一节　扰乱公共秩序的行为和处罚

第二十六条　有下列行为之一的，处警告或者五百元以下罚款；情节较重的，处五日以上十日以下拘留，可以并处一千元以下罚款：

（一）扰乱机关、团体、企业、事业单位秩序，致使工作、生产、营业、医疗、教学、科研不能正常进行，尚未造成严重损失的；

（二）扰乱车站、港口、码头、机场、商场、公园、展览馆或者其他公共场所秩序的；

（三）扰乱公共汽车、电车、城市轨道交通车辆、火车、船舶、航空器或者其他公共交通工具上的秩序的；

（四）非法拦截或者强登、扒乘机动车、船舶、航空器以及其他交通工具，影响交通工具正常行驶的；

（五）破坏依法进行的选举秩序的。

聚众实施前款行为的，对首要分子处十日以上十五日以下拘留，可以并处二千元以下罚款。

【解疑惑】什么是公共秩序？

公共秩序是指在社会生活中，人们在公共场合和公共活动中需要共同遵守的行为规范和准则。它涉及社会成员在公共空间和公共活动中应当遵循的规则和秩序，以保障社会的正常运转和和谐稳定。公共秩序涉及维护社会的基本运行规则。公共秩序的范围较广，既包括机关、团体、企业、事业单位的工作、生产、营业、医疗、教学、科研秩序，也涵盖车站、港口、码头、机场、商场、公园、展览馆等公共场所秩序，还包括交通秩序、网络空间秩序、选举秩序等。

【辨差异】扰乱公共交通工具上秩序、妨害交通工具正常行驶行为与聚众扰乱交通秩序罪的区别

扰乱公共交通工具上的秩序，是指扰乱正在运营的公共汽车、电车、城市轨道交通车辆、火车、船舶、航空器或其他公共交通工具上的公共秩序行为。妨害交通工具正常行驶行为，是指非法拦截或者强登、扒乘机动车、船舶、航空器以及其他交通工具，影响交通工具正常行驶的行为，一般尚未达到情节严重的程度。聚众扰乱交通秩序罪，是指聚集多人堵塞交通或者破坏交通秩序，抗拒、阻碍国家治安管理人员依法执行职务，情节严重的行为。三者虽然都是扰乱了公共交通秩序，但在违法行为的主体、主观方面、行为方式、危害程度等方面存在一定的区别。（1）在违法行为主体上，前两者是一般主体，即达到责任年龄具有责任能力的自然人；后者要求必须是首要分子，即在聚众犯罪中起组织、策划、指挥作用的分子。（2）在主观方面，前两者行为人可能是个人或临时起意，无明确的组织性，主观恶性较小；后者要求"聚众"（三人以上有组织、有计划的行为），且主观上具有扰乱公共秩序的故意。（3）在行为方式上，前两者行为人是针对单一交通工具的扰乱秩序或者妨害正常行驶行为；后者是针对公共场所（如道路、车站、港口）的交通秩序，通常涉及多人组织性行为，如抗拒、阻碍国家治安管理人员依法执行职务。（4）在危害程度方面，前两者干扰正常运营，但未造成广泛社会影响或严重后果，如乘客殴打司机、强行扒车门等，但被及时制止，未引发事故；后者往往导致交通瘫痪、重大财产损失或人员伤亡，社会影响恶劣，如聚众堵路、拦截列车、破坏交通设施，造成大规模拥堵或安全事故。

【举实例】扰乱飞机上的秩序被处罚

某日晚，在某航班上，乘客李某私自更换乘坐位置，在飞机起飞前经机组人员多次劝说后回到登机牌指定位置。飞机起飞后李某再次私自更换乘坐位置。其间，机组人员告知其不能换座并进行多次劝阻，李某仍拒不配合，拒绝回到原座位。最终机组人员做报警处理。公安机关认定李某实施的行为扰乱了机舱内秩序，已构成扰乱公共交通工具上的秩序，决定给予李某罚款200元的行政处罚。

【长知识】聚众实施和首要分子的含义

聚众实施，是指组织、聚集3人及以上共同实施违法行为。聚众行为涉及人数多，可聚众人之力，相比于个别人的违法行为来说，其社会危害性更大。在聚众实施的过程中，违法行为人之间往往有一定的计划，有明确的分工，具有一定的组织性。首要分子，是指在实施违法行为中起组织、策划、指挥作用的人员，即在聚众实施扰乱公共秩序行为的过程中发挥主要作用的人，有别于一般的积极参加者。

第二十七条　在法律、行政法规规定的国家考试中，有下列行为之一，扰乱考试秩序的，处违法所得一倍以上五倍以下罚款，没有违法所得或者违法所得不足一千元的，处一千元以上三千元以下罚款；情节较重的，处五日以上十五日以下拘留：

（一）组织作弊的；

（二）为他人组织作弊提供作弊器材或者其他帮助的；

（三）为实施考试作弊行为，向他人非法出售、提供考试试题、答案的；

（四）代替他人或者让他人代替自己参加考试的。

【解疑惑】如何认定组织作弊?

组织作弊即组织、策划、指挥进行考试作弊的行为。在认定组织作弊时,应注意把握两点:首先,行为人在客观上实施了"组织"作弊行为。组织行为方式多样,通常表现为通过招募、雇佣、强迫、引诱等手段,策划、指挥、协调、管理多人进行考试作弊的行为。从组织程度上看,组织行为既包括组织结构严密的违法集团实施的违法行为,也包括组织结构较为松散的违法团伙实施的违法行为,还包括个人单独实施的违法行为。从组织的范围来看,既包括大范围的集体作弊,也包括小范围的考生作弊。从组织对象来看,被组织者是考生、枪手等人员,而非组织者。其次,行为人客观上实施了组织"作弊"行为。作弊行为通常是指在考试中弄虚作假获得不正当考试优势的行为。最后,应注意区分考试作弊行为与考试违规行为,二者在主观恶性、行为性质、法律后果等方面存在明显区别。作弊必然涉及欺骗,破坏了考试公平性;违规未涉及欺骗,仅违反管理秩序,如迟到、喧哗、提前答题等。

【辨差异】扰乱考试秩序行为与组织考试作弊罪,非法出售、提供试题、答案罪,代替考试罪的区别

扰乱考试秩序行为与组织考试作弊罪,非法出售、提供试题、答案罪,代替考试罪区别如下:在行为对象方面,前者包括法律、行政法规规定的国家考试;后三者仅包括法律规定的国家考试。在行为情节方面,前者是在考试中作弊、抄袭他人答案、协助他人作弊、携带违禁物品进入考场等扰乱考场秩序行为;后三者则是为他人提供作弊设备、协助他人作弊,考试前的故意泄露试题或非法获取试题、答案并出售或提供给他人、代替他人考试等严重影响考试公平,依法应予以追究刑事处罚的行为。

【长知识】法律、行政法规规定的国家考试的范围

法律规定的国家考试仅指依照全国人民代表大会及其常务委员会制定的法律和决定所确定的国家层面的考试。法律规定的国家考试主要包括四类：（1）普通高等学校招生考试、研究生招生考试、高等教育自学考试、成人高等学校招生考试等国家教育考试；（2）中央和地方公务员录用考试；（3）国家统一法律职业资格考试、国家教师资格考试、注册会计师全国统一考试、会计专业技术资格考试、资产评估师资格考试、医师资格考试、执业药师职业资格考试、注册建筑师考试、建造师执业资格考试等专业技术资格考试；（4）其他依照法律由中央或者地方主管部门以及行业组织的国家考试。

行政法规规定的国家考试是指依据国务院制定的行政法规、规定的行政措施、发布的决定和命令所确定的国家考试。例如，依据国务院制定的《护士条例》所设定的护士执业资格考试，虽不属于法律规定的国家考试，但属于行政法规规定的国家考试。依据部门规章与各省地方性法规所组织的考试，不属于这里的行政法规规定的国家考试。

第二十八条　有下列行为之一，扰乱体育、文化等大型群众性活动秩序的，处警告或者五百元以下罚款；情节严重的，处五日以上十日以下拘留，可以并处一千元以下罚款：

（一）强行进入场内的；

（二）违反规定，在场内燃放烟花爆竹或者其他物品的；

（三）展示侮辱性标语、条幅等物品的；

（四）围攻裁判员、运动员或者其他工作人员的；

（五）向场内投掷杂物，不听制止的；

（六）扰乱大型群众性活动秩序的其他行为。

因扰乱体育比赛、文艺演出活动秩序被处以拘留处罚的，可以同时责令其六个月至一年以内不得进入体育场馆、演出场馆观看同类比赛、演出；违反规定进入体育场馆、演出场馆的，强行带离现场，可以处五日以下拘留或者一千元以下罚款。

【解疑惑】如何适用禁止观看同类比赛、演出的禁止令？

该规定为特定被处罚对象规定了进入特定场所的禁止令。关于该禁止令的适用要注意以下几点：第一，活动的类型有严格限制。能适用禁止令的大型群众性活动仅限于体育比赛和文艺演出活动，其他大型群众性活动不适用。第二，前置的处罚种类有严格限制。被施加禁止令的人员，此前应因扰乱体育比赛、文艺演出活动秩序被处以拘留处罚。第三，禁止令的期限有严格限制。禁止令的时长最低不能低于6个月，最高不得超过1年。第四，禁止令针对的场所有严格限制。禁止进入的场所仅包括体育场馆和演出场馆。第五，禁止令的比赛、演出类型有严格限制。禁止令只能针对同类比赛、同类演出。

第二十九条 有下列行为之一的，处五日以上十日以下拘留，可以并处一千元以下罚款；情节较轻的，处五日以下拘留或者一千元以下罚款：

（一）故意散布谣言，谎报险情、疫情、灾情、警情或者以其他方法故意扰乱公共秩序的；

（二）投放虚假的爆炸性、毒害性、放射性、腐蚀性物质或者传染病病原体等危险物质扰乱公共秩序的；

（三）扬言实施放火、爆炸、投放危险物质等危害公共安全犯罪行为扰乱公共秩序的。

【解疑惑】什么是谣言？

谣言是一种未经证实、缺乏事实根据、通过口头、网络或书面形式传播的不实信息。谣言具有虚假性、传播性、危害性、多样性等特征。谣言的内容通常是不真实的，与客观事实不符。制造或传播谣言的人可能出于各种目的，如为了吸引注意、制造混乱、达到某种利益等。谣言往往通过口口相传、社交媒体、网络论坛等途径迅速传播。谣言的内容多种多样，可以涉及政治、经济、社会事件、自然灾害等，可能会误导公众，引起恐慌、混乱，甚至影响社会稳定和公共安全。因此，当看到一些自身无法确认真实性的信息时，尤其是涉及公共利益的信息，要提高甄别能力，不要轻易传播。每个人都应该自觉遵守法律法规，不造谣、不信谣、不传谣，共同维护良好的网络环境和社会秩序。

【辨差异】投放虚假危险物质扰乱公共秩序行为与投放虚假危险物质罪的区别

两者都是故意投放虚假的爆炸性、毒害性、放射性、传染病病原体等物质，扰乱社会秩序的行为。两者侵犯的客体均为社会公共秩序，其行为动机、方式手段也相似，可能出于恶作剧或者报复社会心理而实施了投放、使用危险物质行为。两者主要在行为主体资格、危害后果方面存在区别。前者的主体为年满14周岁，具有行为能力的自然人；后者是年满16周岁且具有刑事责任能力的自然人。在危害后果方面，投放虚假危险物质罪的危害后果较为严重，因投放虚假危险物质，造成大范围的群众恐慌、群体性事件等社会动荡后果，严重扰乱了社会公共秩序。

【举实例】虚构事实扰乱公共秩序被处罚

某国道上发生一起车辆侧翻事故，事故造成3人死亡2人受伤。事故发生当日晚间，市民陈某为了博人眼球，在一老乡微信群中编发了一条关于该交通事故"伤亡人数达36人"的信息。该群内其他成员又将该信息进行转发，引发了市民的广泛转发和讨论。陈某构成虚构事实扰乱公共秩序行为，被公安机关处以行政拘留5日的处罚。

第三十条　有下列行为之一的，处五日以上十日以下拘留或者一千元以下罚款；情节较重的，处十日以上十五日以下拘留，可以并处二千元以下罚款：

（一）结伙斗殴或者随意殴打他人的；

（二）追逐、拦截他人的；

（三）强拿硬要或者任意损毁、占用公私财物的；

（四）其他无故侵扰他人、扰乱社会秩序的寻衅滋事行为。

【解疑惑】什么是寻衅滋事？

寻衅滋事，是指在公共场所无事生非、起哄闹事，造成公共场所秩序严重混乱的行为。具体来讲，就是本条所列举的结伙斗殴、随意殴打他人，追逐、拦截、辱骂、恐吓他人，强拿硬要或者任意损毁、占用公私财物，破坏社会秩序的行为。寻衅滋事行为人往往表现为公然藐视国家法纪和社会公德，恣意妄为行为，其动机则是为了争强好胜，逞强耍横，追求精神刺激，填补精神上的空虚。行为人因婚恋、家庭、邻里、债务等纠纷，实施殴打、辱骂、恐吓他人或者损毁、占用他人财物等行为的，一般不认定为寻衅滋事。

【辨差异】寻衅滋事行为与寻衅滋事罪的区别

二者在行为方式上相同，区别主要体现在危害情节、危害后果上。寻衅滋事罪，是指行为人为寻求刺激、发泄情绪、逞强耍横，在公共场所无事生非、起哄闹事，情节恶劣，严重扰乱公共场所秩序，依法应受刑罚处罚的行为。根据相关司法解释的规定，以下情形应以寻衅滋事罪定罪处罚：随意殴打他人，破坏社会秩序，具有致1人以上轻伤或者2人以上轻微伤，随意殴打精神病人、残疾人、流浪乞讨人员、老年人、孕妇、未成年人并造成恶劣社会影响，在公共场所随意殴打他人并造成公共场所秩序严重混乱；多次追逐、拦截、辱骂、恐吓他人，持凶器追逐、拦截、辱骂、恐吓他人，引起他人精神失常、自杀等严重后果的或者严重影响他人的工作、生活、生产、经营，情节恶劣；强拿硬要公私财物价值1000元以上，或者任意损毁、占用公私财物价值2000元以上，多次强拿硬要或者任意损毁、占用公私财物，造成恶劣社会影响等情形的。①行为人实施前述行为，情节较轻，没有造成恶劣影响或严重后果的，尚未达到上述刑事立案标准的，以寻衅滋事行为进行治安管理处罚。

第三十一条 有下列行为之一的，处十日以上十五日以下拘留，可以并处二千元以下罚款；情节较轻的，处五日以上十日以下拘留，可以并处一千元以下罚款：

（一）组织、教唆、胁迫、诱骗、煽动他人从事邪教活动、会道门活动、非法的宗教活动或者利用邪教组织、会道门、迷信活动，扰乱社会秩序、损害他人身体健康的；

（二）冒用宗教、气功名义进行扰乱社会秩序、损害他人身体健康活动的；

（三）制作、传播宣扬邪教、会道门内容的物品、信息、资料的。

【解疑惑】什么是邪教、会道门？

根据最高人民法院、最高人民检察院《关于办理组织、

---

① 参见最高人民法院、最高人民检察院《关于办理寻衅滋事刑事案件适用法律若干问题的解释》（2013年7月15日）第2、3、4条。

利用邪教组织破坏法律实施等刑事案件适用法律若干问题的解释》第1条的规定，邪教组织是指"冒用宗教、气功或者以其他名义建立，神化、鼓吹首要分子，利用制造、散布迷信邪说等手段蛊惑、蒙骗他人，发展、控制成员，危害社会的非法组织"。世界各国的邪教组织五花八门，名称各异，但都具有以下共同特征：组织头目崇拜、精神控制、编造邪说、聚敛钱财、秘密结社、危害社会等。这些特点决定了邪教的邪恶本质，使邪教成为地地道道的社会邪恶势力。邪教不是宗教。邪教的"教"并不是宗教的"教"，而是特指邪恶一类的说教，邪教几乎都要借用宗教的名义和宗教的名词术语。邪教是危害社会和人类的邪恶势力和组织。在我国，常见的邪教组织有"法轮功""全能神"等。邪教组织严重破坏社会秩序，威胁社会安全，侵犯公民人身、财产权利，依法应予以严厉打击和坚决取缔。

"会道门"，是封建迷信活动组织的总称，如我国历史上曾经出现的"一贯道""九宫道""哥老会""先天道""后天道"等组织。①"会道门"一词正式刊载在官方文书始于清代。民国年间，国民党政府称之为"道会门"或"邪教"；在解放区最初称之为"道门"和"会门"；中华人民共和国成立后，则通称为"会道门"。不论哪种称谓，"会道门"都是以惑众、乱世和夺权为宗旨的非法组织，严重危害社会秩序，因此应予以坚决打击和依法取缔。

---

① 全国人大常委会法制工作委员会刑法室编著：《中华人民共和国刑法解读》，中国法制出版社2015年版，第727页。

第三十二条　违反国家规定，有下列行为之一的，处五日以上十日以下拘留；情节严重的，处十日以上十五日以下拘留：

（一）故意干扰无线电业务正常进行的；

（二）对正常运行的无线电台（站）产生有害干扰，经有关主管部门指出后，拒不采取有效措施消除的；

（三）未经批准设置无线电广播电台、通信基站等无线电台（站）的，或者非法使用、占用无线电频率，从事违法活动的。

【解疑惑】1. 本条"违反国家规定"是指哪些规定？

本条是对故意干扰无线电通讯秩序、未经批准设置无线电台等行为的处罚。无线电通讯秩序的维护对于社会秩序的正常运行和国家安全具有极其重要的意义。为确保无线电频谱资源的合理利用和各种无线电业务的正常运行，维护无线电通讯秩序，国家通过制定相关法律法规和管理规定对无线电频率、无线电台（站）、无线电设备进行管理，任何单位或个人未经批准设置、使用无线电台，使用无线电频率均属于违法行为。本条所指的"国家规定"主要是指《中华人民共和国无线电管理条例》《中华人民共和国无线电管制规定》《无线电发射设备管理规定》等行政法规和部门规章。

2. 如何认定扰乱无线电通讯秩序行为？

无线电通讯管理秩序的主管部门是无线电管理局。扰乱无线电通讯秩序违反治安管理行为一般是指情节较为严重的情形，包括故意干扰无线电业务正常进行和拒不消除对无线电台（站）的有害干扰行为，以及未经批准设置无线电广播电台、通信基站等无线电台（站）的，或者非法使用、占用无线电频率，从事违法活动的，也属于扰乱无线电通讯秩序行为。可见，对行为人违反国家规定，擅自设置、使用无线电台（站）或使用无线电频率的单位和个人，虽然没有办理审批手续，领取执照，但没有干扰无线电业务正常进行的主观故意，或者对无线电台（站）造成干扰，经有关部门提出后及时改正的，不构成违反治安管理行为。

【辨差异】扰乱无线电通讯秩序行为与扰乱无线电通讯管理秩序罪的区别

二者侵犯的客体和行为方式一样，都是违反国家规定，擅自设置、使用无线电台（站），或者擅自使用无线电频率，干扰无线电通讯秩序行为。二者的区别主要体现在危害后果严重程度不一样，扰乱无线电通讯管理秩序罪，要求达到"情节严重"的程度。根据最高人民法院、最高人民检察院《关于办理扰乱无线电通讯管理秩序等刑事案件适用法律若干问题的解释》，以下情形属于"情节严重"，应以犯罪论处：一是影响航天器、航空器、铁路机车、船舶专用无线电导航、遇险救助和安全通信等涉及公共安全的无线电频率正常使用的；二是自然灾害、事故灾难、公共卫生事件、社会安全事件等突发事件期间，在事件发生地使用"黑广播""伪基站"的；三是举办国家或者省级重大活动期间，在活动场所及周边使用"黑广播""伪基站"的；四是同时使用3个以上"黑广播""伪基站"的；五是"黑广播"的实测发射功率500瓦以上，或者覆盖范围10公里以上的；六是使用"伪基站"发送诈骗、赌博、招嫖、木马病毒、钓鱼网站链接等违法犯罪信息，数量在5000条以上，或者销毁发送数量等记录的；七是雇佣、指使未成年人、残疾人等特定人员使用"伪基站"的；八是违法所得3万元以上的；九是曾因扰乱无线电通讯管理秩序受过刑事处罚，或者2年内曾因扰乱无线电通讯管理秩序受过行政处罚，又实施相关行为的。

【举实例】架设使用"伪基站"设备被处罚

某日9时许至同月某日12时许，肖某某先后在某县某酒店房间内以及某商务宾馆房间内，架设使用"伪基站"设备。在"伪基站"使用期间，肖某某共非法获取进入该"伪基站"覆盖范围内30576个移动用户的IMSI号，并强行向这些用户的手机发送短信2000多条。涉案"伪基站"造成用户手机信号被强制连接到其上，而无法连接至公用电信网络，用户单次通信中断8至12秒。肖某某架设伪基站发送信息的行为构成扰乱无线电通讯管理秩序行为，被公安机关处以行政拘留7天。

第三十三条　有下列行为之一，造成危害的，处五日以下拘留；情节较重的，处五日以上十五日以下拘留：

（一）违反国家规定，侵入计算机信息系统或者采用其他技术手段，获取计算机信息系统中存储、处理或者传输的数据，或者对计算机信息系统实施非法控制的；

（二）违反国家规定，对计算机信息系统功能进行删除、修改、增加、干扰的；

（三）违反国家规定，对计算机信息系统中存储、处理、传输的数据和应用程序进行删除、修改、增加的；

（四）故意制作、传播计算机病毒等破坏性程序的；

（五）提供专门用于侵入、非法控制计算机信息系统的程序、工具，或者明知他人实施侵入、非法控制计算机信息系统的违法犯罪行为而为其提供程序、工具的。

【解疑惑】什么是计算机信息系统？

计算机信息系统通常是指具备自动处理数据功能的系统。根据国务院《计算机系统安全保护条例》第2条的规定，计算机信息系统是指由计算机及其相关的和配套的设备、设施（含网络）构成的，按照一定的应用目标和规则对信息进行采集、加工、存储、传输、检索等处理的人机系统。据此，计算机信息系统应具体包括计算机、网络设备、通信设备、自动化控制设备等。

【辨差异】破坏计算机信息系统行为与破坏计算机信息系统罪的区别

本条规定了非法侵入计算机信息系统，非法改变计算机信息系统功能，非法改变计算机信息系统数据和应用程序，故意制作、传播计算机破坏性程序等破坏计算机信息系统的违反治安管理行为。二者的区别主要是危害的严重程度不同。破坏计算机信息系统罪是指违反国家规定，对计算机信息系统功能进行删除、修改、增加、干扰，造成计算机信息系统不能正常运行，对计算机信息系统中存储、处理或者传输的数据和应用程序进行删除、修改、增加的操作，或者故意制作、传播计算机病毒等破坏性程序，影响计算机系统的正常运行，"后果严重"或者"情节严重"的行为。例如，故意制作、传播计算机病毒等破坏性程序，影响计算机系统正常运行，"后果严重"的情形包括：导致计算机程序通过网络、存储介质、文件等媒介传播，造成20台以上计算机系统被植入破坏性程序；提供计算机病毒等破坏性程序10人次以上；违法所得5000元以上或者造成经济损失10000元以上；以及其他严重后果的情形。①

【举实例】破解无人机的限高限飞禁区程序被处罚

为了保障飞行安全，避免无人机飞行过高与其他飞行器相撞，国家规定了无人机的飞行高度，对超高飞行进行了限制。李某购买了某品牌无人机后，觉得飞行高度太低，不过瘾，于是对此动起了歪脑筋。他在网上购买并下载了限高破

---

① 参见最高人民法院、最高人民检察院《关于办理危害计算机信息系统安全刑事案件应用法律若干问题的解释》（2011年8月1日）第1、3、4、6条。

解许可证，然后将其植入自己的无人机，并超限飞行。李某构成非法改变计算机信息系统功能行为，被公安机关处以行政拘留3日的处罚。

第三十四条　组织、领导传销活动的，处十日以上十五日以下拘留；情节较轻的，处五日以上十日以下拘留。

胁迫、诱骗他人参加传销活动的，处五日以上十日以下拘留；情节较重的，处十日以上十五日以下拘留。

【解疑惑】什么是传销活动？

根据国务院《禁止传销条例》第2条的规定，传销是指组织者或者经营者发展人员，通过对被发展人员以其直接或者间接发展的人员数量或者销售业绩为依据计算和给付报酬，或者要求被发展人员以交纳一定费用为条件取得加入资格等方式牟取非法利益，扰乱经济秩序，影响社会稳定的行为。传销活动具有组织性、欺骗性、危害性等特征。

【辨差异】传销活动与直销活动的区别

传销活动与直销活动在外在表现上都是推销商品、提供服务获取商业利益的行为。传销组织者或经营者通过发展人员，要求被发展人员以缴纳费用或购买商品、服务等方式获得加入资格，或以发展人员的数量或销售业绩为依据计算和给付报酬，从而牟取非法利益。其本质是一种"庞氏骗局"，即通过不断招募新成员，用新成员缴纳的"入门费"来支付前面人的收益，最终导致大多数参与者遭受经济损失。直销是指企业通过招募直销员，由直销员在固定营业场所之外直接向最终消费者推销产品的经营方式。这种模式的核心是减少中间环节，直接将产品从企业传递到消费者手中，从而提高效率、降低成本，并为消费者提供更优质的服务。直销是一种合法的销售模式，但需要经过国家批准。传销与直销有着本质的区别，主要从以下几个方面进行判断：（1）看有无入门费。传销通常要求缴纳高额入门费或购买高价"道具商品"，而直销一般不收取入门费。（2）看经营重点。传销重点在于发展下线，而直销重点在于销售产品。（3）看计酬方式。传销以发展人员数量为计酬依据，直销以销售业绩为计酬依据。

【长知识】涉嫌犯罪的传销组织层级及人数的认定

建立层级，发展人员，形成上下线关系是传销活动的重要特征。如果以推销商品、提供服务等经营活动为名，要求参加者以缴纳费用或者购买商品、服务等方式获得加入资格，并按照一定顺序组成层级，直接或者间接以发展人员的数量作为计酬或者返利依据，引诱、胁迫参加者继续发展他人参加，骗取财物，扰乱经济社会秩序的，其组织内部参与传销活动人员在30人以上且层级在3级以上，根据相关司法解释，应当对组织者、领导者涉嫌组织、领导传销活动罪追究刑事责任。如果组织、领导多个传销组织，单个或者多个组织中的层级已达3级以上的，可将在各个组织中发展的人数合并计算。组织者、领导者形式上脱离原传销组织后，继续从原传销组织获取报酬或者返利的，原传销组织在其脱离后发展人员的层级数和人数，应当计算为其发展的层级数和人数。①

第三十五条 有下列行为之一的，处五日以上十日以下拘留或者一千元以上三千元以下罚款；情节较重的，处十日以上十五日以下拘留，可以并处五千元以下罚款：

---

① 参见最高人民法院、最高人民检察院、公安部《关于办理组织领导传销活动刑事案件适用法律若干问题的意见》（2013年11月）。

（一）在国家举行庆祝、纪念、缅怀、公祭等重要活动的场所及周边管控区域，故意从事与活动主题和氛围相违背的行为，不听劝阻，造成不良社会影响的；

（二）在英雄烈士纪念设施保护范围内从事有损纪念英雄烈士环境和氛围的活动，不听劝阻的，或者侵占、破坏、污损英雄烈士纪念设施的；

（三）以侮辱、诽谤或者其他方式侵害英雄烈士的姓名、肖像、名誉、荣誉，损害社会公共利益的；

（四）亵渎、否定英雄烈士事迹和精神，或者制作、传播、散布宣扬、美化侵略战争、侵略行为的言论或者图片、音视频等物品，扰乱公共秩序的；

（五）在公共场所或者强制他人在公共场所穿着、佩戴宣扬、美化侵略战争、侵略行为的服饰、标志，不听劝阻，造成不良社会影响的。

【解疑惑】为什么要保护英雄烈士的名誉、荣誉？

保护英雄烈士的名誉和荣誉不仅是对英雄烈士的尊重，也是维护社会正义、弘扬爱国主义精神、传承优秀文化传统和维护国家形象的重要体现。首先，英雄烈士的事迹和精神是中华民族宝贵的精神财富。近代以来，为了争取民族独立和人民解放，实现国家富强和人民幸福，促进世界和平和人类进步而毕生奋斗、英勇献身的英雄烈士，功勋彪炳史册，精神永垂不朽。其次，保护英雄烈士的名誉和荣誉是爱国主义精神的生动体现。他们的先进事迹能够激发人们的爱国情怀，增强民族凝聚力和向心力，可以更好地弘扬爱国主义精神。最后，英雄烈士所体现的忠诚、勇敢、无私奉献等品质，是中国传统美德的集中体现，有利于引导青少年树立正确的世界观、人生观、价值观，厚植爱国主义情怀和社会责任感。

【辨差异】侵害英雄烈士名誉、荣誉等行为与侵害英雄烈士名誉、荣誉罪的区别

侵害英雄烈士名誉、荣誉罪，是指侮辱、诽谤或者以其他方式侵害英雄烈士的名誉、荣誉，损害社会公共利益，情节严重的行为。它与侵害英雄烈士名誉、荣誉的违反治安管理行为的区别体现在行为方式和危害后果上。构成犯罪需要满足"情节严重"的条件，如通过网络广泛传播、造成恶劣社会影响等，要参考侵害英雄烈士名誉和荣誉的人数，发布相关信息的数量、传播方式、传播范围、传播持续时间，相关信息实际被点击、浏览、转发次数，引发的社会影响、危害后果以及行为人前科情况等综合判断，以确定是否达到情节严重。

第二节 妨害公共安全的行为和处罚

第三十六条 违反国家规定，制造、买卖、储存、运输、邮寄、携带、使用、提供、处置爆炸性、毒害性、放射性、腐蚀性物质或者传染病病原体等危险物质的，处十日以上十五日以下拘留；情节较轻的，处五日以上十日以下拘留。

【解疑惑】1. 本条中的"违反国家规定"是指哪些规定？

这里的"国家规定"，是指国家有关爆炸性、易燃性、毒害性、放射性、腐蚀性物质或者传染病病原体等危险物质管理的法律、行政法规、部门规章，如全国人大常委会通过的《中华人民共和国传染病防治法》《中华人民共和国固体废物污染环境防治法》《中华人民共和国放射性污染防治法》等法律，国务院颁布的《民用爆炸物品安全管理条例》《烟花爆竹安全管理条例》等行政法规，以及公安部颁布的《剧毒化学品购买和公路运输许可证件管理办法》《易制爆危险化学品治安管理办法》等部门规章。

2. 生产生活中常见的危险物质有哪些?

生产生活中常见的危险物质有:(1)毒害性物质,如氰化物、砒霜及其他各种剧毒品;(2)爆炸性物质,如硝铵炸药、梯恩梯、雷汞、硝化甘油等;(3)腐蚀性物质,如硫酸、盐酸、硝酸、氢氟酸、氢氧化钠、氢氧化钾、氨水等;(4)放射性物质,如铀、钍、镭、钴-60、铯-137等;(5)传染病病原体,如流感病毒、艾滋病病毒、新型冠状病毒、乙肝病毒等。

【辨差异】本条规定的违法行为与非法制造、买卖、运输、储存危险物质罪的区别

二者都有违反国家规定,制造、买卖、运输、储存危险物质,危害公共安全的行为,罪与非罪的主要区别体现在行为方式、危险物质的范围、违法情节等方面。(1)行为方式不同。本条规定的违反治安管理行为方式多样,既包括"邮寄、携带、使用、提供、处置",也包括"制造、买卖、运输、储存"。非法制造、买卖、运输、储存危险物质罪的行为方式仅限于"制造、买卖、运输、储存",不包括"邮寄、携带、使用、提供、处置"。"邮寄"爆炸性物质情节严重的,可能构成非法邮寄爆炸物罪;"使用"危险物质情节严重的,则可能构成刑法规定的投放危险物质罪。(2)危险物质的范围不同。非法制造、买卖、运输、储存危险物质罪规制的范围相对较小,仅限于"毒害性、放射性、传染病病原体"等物质,不包括"爆炸性、腐蚀性"物质。在刑法上,"爆炸性"物质可能涉及爆炸物罪以及危险物品肇事罪。若非法制造、买卖、运输、邮寄、储存爆炸性物质情节严重的,可能构成非法制造、买卖、运输、邮寄、储存爆炸物罪;若违反爆炸性、放射性、毒害性、腐蚀性物品的管理规定,在生产、储存、运输、使用中发生重大事故，造成严重后果的，则可能构成危险物品肇事罪。（3）违法情节是否严重，是否危害或足以危害公共安全。例如，根据相关司法解释，在公共场所、居民区等人员集中区域非法制造、买卖、运输、邮寄、储存爆炸物，或者因非法制造、买卖、运输、邮寄、储存爆炸物三年内受到两次以上行政处罚又实施上述行为的，应追究刑事责任。[①]

【举实例】非法买卖、运输危险物质被处罚

某派出所联合交警大队在辖区路面巡逻时，发现一中年男子正驾驶一辆满载两个塑料油桶的三轮摩托车，形迹可疑，民警立即对其拦截。经检查发现，车上有油管、油枪，两个塑料油桶里面装满柴油约280升，存在严重的安全风险隐患。经进一步查明，驾车男子夏某为牟取非法利益，在没有取得运输危险化学品资质和道路许可证的情况下，非法运输柴油给工地挖机加油。夏某构成"非法买卖、运输危险物质"的违反治安管理行为，被公安机关给予行政拘留5日的处罚。

【长知识】烟花爆竹属于爆炸性危险物质吗？

根据《烟花爆竹安全管理条例》，烟花爆竹是指烟花爆竹制品和用于生产烟花爆竹的民用黑火药、烟火药、引火线等物品。由于烟花爆竹的主要成分是黑火药，其在燃烧或爆炸时会产生高温、高压气体，具有较强的破坏力，在生产、储存、运输和燃放过程中都存在较高的安全风险，容易引发火灾、爆炸等事故。因此，在联合国《关于危险货物运输的建议书》中，烟花爆竹被归类为第一类爆炸品。由于烟花爆

---

① 参见最高人民法院《关于审理非法制造、买卖、运输枪支、弹药、爆炸物等刑事案件具体应用法律若干问题的解释》（2009年11月9日）。

竹制品属于生活消费品，在我国民间广泛使用，有严格的安全生产、运输和燃放标准和监督管理制度，其危害性相对较小，因此不属于刑法规制范围内的"爆炸物"。根据《烟花爆竹安全与质量》（GB 10631—2013）规定，烟花爆竹是以烟火药为主要原料制成，引燃后通过燃烧或爆炸，产生光、声、色、型、烟雾等效果，用于观赏、具有易燃易爆危险的物品。可见，烟花爆竹制品通常具有易燃易爆性，但并不是本条规定的爆炸性危险物质。虽然根据《化学品分类和标签规范　第2部分：爆炸物》（GB 30000.2—2013），烟花爆竹中的烟火药等成分属于爆炸物质或烟火物质。但国务院《危险化学品安全管理条例》第97条第2款特别指明，民用爆炸物品、烟花爆竹、放射性物品、核能物质以及用于国防科研生产的危险化学品的安全管理，不适用本条例。《民用爆炸物品安全管理条例》也将民用爆炸物品限定于《民用爆炸物品品名表》中，其中第四类"其它民用爆炸物品"中将"特殊用途烟火制品"规定为民用爆炸物品，而"特殊用途烟火制品"显然排除了"一般烟花爆竹制品"。因为，《民用爆炸物品品名表》规定，黑火药属于民用爆炸物，但"用于生产烟花爆竹的黑火药除外"。从黑火药、烟火药的物质属性来看，火药的危险性大小与其数量多少直接联系，火药经过分装制成烟花爆竹成品后，威力降低、爆炸属性减弱。作为普通消费者可以燃放的C、D级的烟花爆竹，已明确其危险性较小或者很小，其文化娱乐属性更强。

需要提醒的是，涉及烟花爆竹的行政处罚适用《烟花爆竹安全管理条例》。根据铁路运输部门相关规定，铁路旅客禁止托运和携带的爆炸物品包括烟火制品，如礼花弹、烟花（含冷光烟花）、鞭炮、摔炮、拉炮、砸炮等各类烟花爆竹，发令纸、黑火药、烟火药、引火线，以及"钢丝棉烟花"等具有烟花效果的制品等。

第三十七条 爆炸性、毒害性、放射性、腐蚀性物质或者传染病病原体等危险物质被盗、被抢或者丢失，未按规定报告的，处五日以下拘留；故意隐瞒不报的，处五日以上十日以下拘留。

【解疑惑】本条规定的"危险物质"为何没有包含易燃性？

易燃性危险物质的范围较为广泛，老百姓日常生活中的必需品中也比较常见，如汽油、酒精、烟花爆竹、发胶水等。其危险等级与危害风险远低于爆炸性、毒害性、放射性、腐蚀性物质或者传染病病原体，其应急管理的现实紧迫性和强度远低于爆炸性、放射性危险物质。以烟花爆竹为例，其属于易燃性物质，但与爆炸性、放射性危险物质不同的是，《烟花爆竹安全管理条例》仅规定了生产企业丢失黑火药、烟火药、引火线等产品核心原料未及时报告的法律责任，并未明文规范丢失所有烟花爆竹产品不报告的法律责任。

【举实例】危险物质被盗、被抢、丢失后不按规定报告被处罚

某水泥厂因关闭了水泥生产线决定拆除部分立窑，并将用于水泥生产的工业测量设备的 ^{137}Cs（铯-137）封闭在一个铁盒内。由于管理松散，导致铁盒丢失，虽然单位在厂区周围发放了寻物启事，但未向环保部门和公安机关报告。市环保局在开展专项行动时，发现了该水泥厂放射性物品丢失的情况。根据公司相关规定，此情况应由保卫科负责向环保部门和公安机关报告，但因没有报告，因此其负责人构成"危险物质被盗、被抢、丢失后不按规定报告"的违反治安管理行为，被公安机关给予行政拘留5日的处罚。

第三十八条 非法携带枪支、弹药或者弩、匕首等国家规定的管制器具的，处五日以下拘留，可以并处一千元以下罚款；情节较轻的，处警告或者五百元以下罚款。

非法携带枪支、弹药或者弩、匕首等国家规定的管制器具进入公共场所或者公共交通工具的，处五日以上十日以下拘留，可以并处一千元以下罚款。

【解疑惑】什么是管制器具？

管制器具，是指具有潜在的危险性或可能被用于违法犯罪活动，而被国家法律法规明确规定限制生产、销售、携带、使用和运输的工具或物品，包括限制生产类、限制持有类、限制携带类管制器具。本法条中的管制器具主要是指管制刀具和弓弩等具有杀伤性的工具以及交通运输管理部门明令禁止携带的器具，如匕首、三棱刮刀、带有自锁装置的弹簧刀（跳刀），其他单刃、双刃、三棱尖刀，装修用的射钉枪，防身用的电击器、催泪器等。

【辨差异】非法携带枪支、弹药、管制器具行为与非法携带枪支、弹药、管制刀具、危险物品危及公共安全罪的区别

非法携带枪支、弹药、管制刀具、危险物品危及公共安全罪是指非法携带枪支、弹药、管制刀具、危险物品进入公共场所或者公共交通工具，危及公共安全，情节严重的行为。二者的区别主要体现在三个方面：一是主观方面不同。故意和过失均可构成非法携带枪支、弹药、管制器具行为；而非法携带枪支、弹药、管制刀具、危险物品危及公共安全罪只能由故意构成。二是场所不同。非法携带枪支、弹药、管制器具行为无论是否进入公共场所或交通工具均可构成；而非法携带枪支、弹药、管制刀具、危险物品危及公共安全罪要求必须进入公共场所或者公共交通工具。三是情节不同。非法携带枪支、弹药、管制刀具进入公共场所或者公共交通工具，危及公共安全，情节严重的，才构成犯罪。

【举实例】非法携带管制器具被处罚

某日下午2点左右，正在执勤的西站派出所民警接到车站安检员报告，称在进站口安检处有一名女子携带了一把疑似管制刀具进站。接报后，派出所民警到达现场发现该刀确实为管制刀具，便依法将该女子李某传唤回派出所接受进一步调查。经查，李某携带的这把刀具刃长7厘米，刀刃角度小于60度。根据公安部关于管制刀具的认定标准，该刀具属于管制刀具范畴。李某辩解称自己准备拿着这把水果刀在车上削水果，买回来后一直放在包里，平时都是用来切水果的。李某构成"违法携带管制器具"行为，被西站派出所处罚款500元，携带的管制刀具被依法收缴。

第三十九条　有下列行为之一的，处十日以上十五日以下拘留；情节较轻的，处五日以下拘留：

（一）盗窃、损毁油气管道设施、电力电信设施、广播电视设施、水利工程设施、公共供水设施、公路及附属设施或者水文监测、测量、气象测报、生态环境监测、地质监测、地震监测等公共设施，危及公共安全的；

（二）移动、损毁国家边境的界碑、界桩以及其他边境标志、边境设施或者领土、领海基点标志设施的；

（三）非法进行影响国（边）界线走向的活动或者修建有碍国（边）境管理的设施的。

【辨差异】盗窃、损毁公共设施行为与相关犯罪行为的区别

盗窃、损毁公共设施违反治安管理行为与犯罪的区别主要体现在危害后果、违法情节以及主观态度等方面。（1）行为产生的后果不同，对公共安全危害的程度也不一样。如果行为危害公共安全或者造成严重后果，致他人重伤、死亡或者致使公私财产遭受重大损失，公共生产、生活秩序受到严重破坏的，则要追究行为人的刑事责任。（2）违法情节不同。盗窃、损毁公共设施的犯罪行为要求其达到"破坏"后难以修复的程度。（3）主观方面不同。盗窃、损毁公共设施的违反治安管理行为均为故意，而"破坏广播电视设施、公用电信设施罪、破坏交通设施罪、破坏电力设备罪、破坏易燃易爆设备罪"过失也可以构成犯罪。

【举实例】盗窃、损毁公共设施被处罚

某日，正在巡查河涌的工作人员看到，有形迹可疑的人员在河岸边徘徊。上前查看后发现，该名人员已拆卸河涌内的水文监测设备的零部件。经现场问询，该拾荒人员刘某承认损坏并拆除了部分水文监测设备的零部件。水务中心随即报警将其移交公安机关处理。刘某的行为构成"盗窃、损毁公共设施"行为，被公安机关处行政拘留10日。

第四十条 盗窃、损坏、擅自移动使用中的航空设施，或者强行进入航空器驾驶舱的，处十日以上十五日以下拘留。

在使用中的航空器上使用可能影响导航系统正常功能的器具、工具，不听劝阻的，处五日以下拘留或者一千元以下罚款。

盗窃、损坏、擅自移动使用中的其他公共交通工具设施、设备，或者以抢控驾驶操纵装置、拉扯、殴打驾驶人员等方式，干扰公共交通工具正常行驶的，处五日以下拘留或者一千元以下罚款；情节较重的，处五日以上十日以下拘留。

【解疑惑】航空设施是否为公共设施？

公共设施，是指由政府或其他社会组织提供的、供社会公众使用或享用的公共建筑或设备。航空设施主要包括民用机场和军事机场的交通设施。民用机场设施是专供民用航空器起飞、降落、滑行、停放以及进行其他活动使用的设施，包括附属的建筑物、装置和设施。民用机场设施具有公共性、服务性、非营利性等特征，政府通常会对机场建设给予政策支持和资金投入。因此，民用航空设施是公共交通设施，是一种较为特殊的公共设施。交通工具设施设备与普通的公共设施不同的是，即使仅仅"移动"使用中的设施设备，也有可能危及公共安全。

【辨差异】1. 盗窃、损坏、擅自移动使用中的交通设施行为与破坏交通设施罪的区别

二者的区别主要体现在危害程度方面。破坏交通设施罪要求盗窃、损毁、擅自移动的破坏行为造成了严重后果，足以使航空器、汽车、火车等交通工具发生坠毁、倾覆的危险。

2. 妨碍公共交通工具驾驶行为与妨害安全驾驶罪的区别

二者都是对行驶中的公共交通工具的驾驶人员使用暴力或者抢控驾驶操纵装置，干扰公共交通工具正常行驶，危及公共安全的行为。二者的区别主要体现在行为人的行为方式、情节轻重以及危害程度上。妨害安全驾驶罪要求行为人的行为足以导致公共交通工具不能安全行驶，车辆失控，随时可能发生乘客、道路上的行人伤亡或者车辆损毁以及其他财产损失的现实危险。如果行为人只是辱骂、轻微拉扯驾驶人或者轻微争抢方向盘，妨害、干扰司机正常驾驶，没有影响车辆的正常行驶，不宜作为犯罪处理，可以依照本条的规定给予治安管理处罚。

【举实例】损坏、擅自移动使用中的航空设施被处罚

某机场公安分局机场派出所接到报警称，有乘客擅自拉动航班应急舱门，触发飞机报警装置报警。民警接警后立即赶到现场。经查，该旅客江某是一名在校大学生，因为好奇将应急舱门的透明盖子取下，并扳动舱门的红色把手，想看应急舱门会不会被打开，并因此触发了报警器，幸好被乘务人员及时阻止。江某的行为构成擅自移动航空设施行为，被公安机关处以行政拘留10日的处罚。

第四十一条　有下列行为之一的，处五日以上十日以下拘留，可以并处一千元以下罚款；情节较轻的，处五日以下拘留或者一千元以下罚款：

（一）盗窃、损毁、擅自移动铁路、城市轨道交通设施、设备、机车车辆配件或者安全标志的；

（二）在铁路、城市轨道交通线路上放置障碍物，或者故意向列车投掷物品的；

（三）在铁路、城市轨道交通线路、桥梁、隧道、涵洞处挖掘坑穴、采石取沙的；

（四）在铁路、城市轨道交通线路上私设道口或者平交过道的。

【解疑惑】什么是城市轨道交通线路？城市轨道交通设施、设备有哪些？

本条共规定了盗窃、损毁或者擅自移动铁路、城市轨道交通设施、设备、机车车辆配件或者安全标志，在铁路、城市轨道交通线路上放置障碍物，故意向列车投掷物品，在铁路、城市轨道交通线路非法挖掘坑穴、采石取沙，在铁路、城市轨道交通线路上私设道口、平交过道等妨害轨道交通安全行驶的五种具体的违反治安管理行为。

城市轨道交通线路，是指在城市及其周边地区，采用专用轨道导向运行的公共交通线路。它通常包括地铁线路、轻轨线路、单轨线路、有轨电车线路等多种形式。

城市轨道交通设施和设备是保障城市轨道交通系统正常运行的重要组成部分。根据相关法规和标准，城市轨道交通设施，是指投入运营的土建设施及附属软硬件监测设备，主要包括土建设施、隧道、轨道、路基、车站、车辆基地、控制中心，以及排水、通风、照明、消防、安全门等附属设施。城市轨道交通设备，是指投入运营的各类机械、电气、自动化设备及软件系统，主要包括地铁列车、轻轨车辆、有轨电车、单轨车辆等运输工具，供电系统、通信系统、闭路电视系统、广播系统、信号系统、联锁设备、列车自动控制系统、自动售检票系统（AFC）、环境与设备监控系统（BAS）、通风空调与供暖系统、消防系统、安全与应急系统和检测监测设备等。

【辨差异】在铁路、城市轨道交通线路上放置障碍物或者故意向列车投掷物品行为与以危险方法危害公共安全罪的区别

在铁路、城市轨道交通线路上放置障碍物或者故意向列车投掷物品的行为，与以危险方法危害公共安全罪既有一定的联系，又有区别。二者都是妨害列车安全行驶行为，侵犯的客体是公共安全，即不特定的多数人的生命、健康或者重大公私财产的安全。其区别主要体现在行为方式、行为对象和危害后果上。在铁路、城市轨道交通线路上放置障碍物的行为是指放置影响火车正常行驶的物体，如在接触网上放置或投掷塑料布、农膜等飘浮物或树枝、电线、风筝、低空飞行器等物品，在轨道上放石块、木块或者放铁块碾轧玩具等行为。被放置障碍物的线路是正在使用的轨道线路。行为人在轨道线路上放置了能够影响列车正常行驶的障碍物，足以使列车发生倾覆、毁坏危险，或造成严重后果的，则构成以危险方法危害公共安全罪。以危险方法危害公共安全罪的行为对象更为广泛，包括不特定的多数人的生命、健康或重大公私财产的安全，不限于特定的交通设施或交通工具。

【举实例】损毁铁路设施、设备被处罚

某日，某县大桥镇村民陈某在黎湛线陆川至吹塘站间

K190+635处焚烧垃圾，烧坏防护网外侧6根铁路信号电缆，造成红光带影响11趟列车运行。铁路公安机关依法给予陈某行政拘留10日的处罚。

第四十二条　擅自进入铁路、城市轨道交通防护网或者火车、城市轨道交通列车来临时在铁路、城市轨道交通线路上行走坐卧，抢越铁路、城市轨道，影响行车安全的，处警告或者五百元以下罚款。

【解疑惑】什么是铁路、城市轨道交通防护网？

铁路和城市轨道交通防护网是保障铁路和城市轨道交通安全运行的重要设施。铁路防护网是一种安装在铁路线路两侧的隔离防护设施，用于防止人员、动物或其他物体进入铁路线路，在山区或地质不稳定区域，可以防止落石、泥石流等自然灾害对铁路线路和列车运行造成危害或者防止车辆或其他物体侵入铁路线路，确保铁路运输的安全。防护网由钢丝绳网、环形网、铁丝格栅、固定系统（如锚杆、拉锚绳、基座和支撑绳）、减压环和钢柱等主要部分构成。城市轨道交通防护网是指安装在城市轨道交通线路两侧或边界，用于隔离和防护的设施。它通常由立柱和网片连接而成，主要作用是防止人员、车辆和其他物体进入轨道区域，在车站、高架桥等区域，可以防止乘客或物品坠落，确保列车运行安全。擅自进入铁路、城市轨道交通防护网的行为会妨害和影响列车安全行驶，依法应予以治安处罚。

【举实例】擅自进入铁路线路防护网被处罚

某镇姚某从黎湛线贵港至根竹站间下行线K49+320处强行攀爬越过铁路防护栅栏，被铁路安全巡防人员发现后报警。经查，姚某进入铁路封闭区域是为了抓马蜂，对翻越栅栏行为供认不讳。姚某构成擅自进入铁路线路防护网行为，被公安机关给予罚款500元的处罚。

第四十三条　有下列行为之一的，处五日以下拘留或者一千元以下罚款；情节严重的，处十日以上十五日以下拘留，可以并处一千元以下罚款：

（一）未经批准，安装、使用电网的，或者安装、使用电网不符合安全规定的；

（二）在车辆、行人通行的地方施工，对沟井坎穴不设覆盖物、防围和警示标志的，或者故意损毁、移动覆盖物、防围和警示标志的；

（三）盗窃、损毁路面井盖、照明等公共设施的；

（四）违反有关法律法规规定，升放携带明火的升空物体，有发生火灾事故危险，不听劝阻的；

（五）从建筑物或者其他高空抛掷物品，有危害他人人身安全、公私财产安全或者公共安全危险的。

【辨差异】1. 擅自安装、使用电网行为与以危险方法危害公共安全罪的区别

擅自安装、使用电网本身属于以危险方法危害公共安全的行为。但擅自安装、使用电网的违反治安管理行为与以危险方法危害公共安全罪在主观方面、危害程度方面存在一定区别。在主观方面，擅自安装、使用电网行为主观上可能是出于防盗、防动物等目的，不一定具有危害公共安全的故意；以危险方法危害公共安全罪主观上必须是故意，即行为人明知其行为会危害公共安全，而希望或放任这种结果发生。在危害程度方面，擅自安装、使用电网的危害程度相对较小，通常局限于特定区域或特定对象，如自家院落、农田等；以危险方法危害公共安全罪的危害程度较

高，其危险方法足以危害不特定多数人的生命、健康或重大
公私财产的安全，或者事实上造成了人员伤亡、重大财产
损失。

2. 盗窃、损毁路面井盖、照明等公共设施行为与盗窃、损毁公路及附属设施行为的区别

首先，公路是路的一种，公路路面上的井盖、照明设施
既属于路面井盖、照明设施，又属于公路及附属设施。如果
盗窃、损毁的是公路路面上的井盖、照明设施，二者属于竞
合关系，择一重行为处罚。情节较轻的适用盗窃、损毁公路
及附属设施行为（处5日以下拘留或1000元以下罚款），情
节严重的则适用盗窃、损毁路面井盖、照明等公共设施行为
（处10日以上15日以下拘留，可以并处1000元以下罚款）。

其次，除了公路以外的路面，人行道、厂区道路、校园
道路、城镇市政道路等路面上的井盖、照明等设施也属于本
条调整的范围，没有造成危及公共安全严重后果的，适用本
条的规定。

最后，盗窃、损毁路面井盖可能涉及以下刑事责任：根据
2020年"两高一部"联合制定《关于办理涉窨井盖相关刑事案
件的指导意见》，助力维护人民群众"脚底下的安全"。其中规
定，对于盗窃、破坏正在使用中的社会机动车通行道路上的窨
井盖，足以使汽车、电车发生倾覆、毁坏危险，尚未造成严重
后果的，以破坏交通设施罪定罪处罚（《刑法》第117条）；后
果严重的按后果加重罪处罚（《刑法》第119条第1款）。对于
盗窃、破坏人员密集往来的非机动车道、人行道以及车站、码
头、公园、广场、学校、商业中心、厂区、社区、院落等生产
生活、人员聚集场所的窨井盖，足以危害公共安全，尚未造成
严重后果的，按"以危险方法危害公共安全罪之一"（《刑法》
第114条）定罪处罚；造成严重后果的按"以危险方法危害公

共安全罪之二(《刑法》第115条第1款)"定罪处罚。

3. 高空抛物行为与高空抛物罪的区别

本条规范的是不足以刑事处罚的高空抛物行为。"高空抛物"严重危害他人人身安全、公私财产安全,其行为既是一种民事侵权、治安违法行为,也可能涉嫌高空抛物罪或故意伤害罪、以危险的方法危害公共安全等罪名。根据《刑法》第291条规定,高空抛物罪,是指从建筑物或者其他高空抛掷物品,情节严重的行为。实践中存在的绝大多数高空抛掷物品行为,并未造成实际危害后果。有的虽然造成了财产损失等一定的危害后果,但并不严重。认定"情节严重"需要根据行为人所抛掷物品的数量、重量、危险程度,抛掷物品的高度,物品坠落场所的人员、财物的现状,以及行为的次数和所造成的结果等进行综合判断。高空抛物罪的立案标准通常是情节严重,如多次实施、经劝阻仍继续实施、受过刑事处罚或者行政处罚后又实施的、在人员密集场所实施的造成一定损害等。需要强调的是,如果行为人故意从建筑物或者其他高空向道路、广场、居民区等公共场所连续抛掷重物、刀具等物品,危害公共安全,致人重伤、死亡或者使公私财产遭受重大损失的,则涉嫌构成以危险方法危害公共安全罪,应择一重罪定罪处罚。

【举实例】盗窃路面井盖被处罚

某日,某派出所接到群众报警称,小区多处下水道井盖被偷,给居民日常出行带来安全隐患。接警后,派出所民警通过走访群众并调取周边监控发现,一名男子夜间趁四下无人将井盖切割,随后骑电动自行车将4块井盖带走。随后,派出所民警开展摸排走访和视频追踪,确认系李某所为,并将其抓获归案。李某的行为构成盗窃路面公共设施行为,被公安机关处以行政拘留10日的处罚。

第四十四条　举办体育、文化等大型群众性活动，违反有关规定，有发生安全事故危险，经公安机关责令改正而拒不改正或者无法改正的，责令停止活动，立即疏散；对其直接负责的主管人员和其他直接责任人员处五日以上十日以下拘留，并处一千元以上三千元以下罚款；情节较重的，处十日以上十五日以下拘留，并处三千元以上五千元以下罚款，可以同时责令六个月至一年以内不得举办大型群众性活动。

【解疑惑】什么是大型群众性活动？"有关规定"是指哪些规定？

大型群众性活动通常指的是由政府机构、社会组织、企业或其他团体组织的，面向公众开放，参与人数众多，规模较大的各类活动，包括音乐文化活动、体育赛事、贸易展览、商业促销、传统节日庆典等活动。大型群众性活动的特点是参与人数多、组织协调难度大、安全风险高，因此需要严格的安全管理和周密的组织工作。超过1000人以上的大型群众性活动，必须获得公安机关的许可，并制定详尽的安全预案，保障参与者的安全，以确保活动顺利进行。

举办文化、体育等大型群众性活动需要遵守的有关规定包括《中华人民共和国反恐怖主义法》《大型群众性活动安全管理条例》《营业性演出管理条例》《公共文化体育设施条例》《群众性文化体育活动治安管理办法》等法律法规和部门规章，以及地方性法规和国家标准、行业标准。例如，根据国家标准《大型活动安全要求　第4部分：临建设施指南》（GB/T 33170.4—2016）的规定，为保障大型活动安全在临建设施的设计、搭建、运行和拆除方面的要求，规定了大型活动承办者、场地提供单位、设计单位和施工单位的安全职责，举办单位需要按照指南要求，加强现场安全管理。

【辨差异】违反规定举办大型群众性活动行为与大型群众性活动重大安全事故罪的区别

违反规定举办大型群众性活动行为，是指违反《大型群众性活动安全管理条例》的有关规定，未经许可或者违反安全管理规定，举办体育比赛、演唱会、音乐会、展览、展销、游园、灯会等大型群众性活动，危害公共安全的行为。大型群众性活动重大安全事故罪，是指举办大型群众性活动违反安全管理规定，因而发生重大伤亡事故或者造成其他严重后果的行为。两者的主要区别体现在主观方面和危害后果方面：（1）主观方面表现不同。本行为的主观方面既可以是故意，也可以是过失；而大型群众性活动重大安全事故罪的主观方面只能是过失。（2）情节和后果不同。违反规定举办大型群众性活动行为的情形是有发生安全事故危险，经公安机关责令改正而拒不改正或者无法改正的情形，没有造成人员伤亡和财产损失后果。根据相关司法解释，大型群众性活动重大安全事故罪要求造成死亡1人以上、重伤3人以上、直接经济损失50万元以上或者造成其他严重后果。

【举实例】违反规定举办大型群众性活动被处罚

某商场上午举办商品推销抽奖活动，现场人头攒动、气氛热烈，有群众因拥挤摩擦发生纠纷报警。民警赶到现场后，发现商场举办活动只是向派出所进行了报备，称人数只有500人左右，但实际上已经超过1000人，于是要求立即停止抽奖活动。举办方口头答应，但由于商场人员流动性大，人数不好计算，举办方心存侥幸，下午继续抽奖。举办方的行为已构成违反规定举办大型群众性活动行为，商品营销公司经理和商场经理分别被公安机关处以行政拘留7日、5日的处罚，并处罚款3000元。

第四十五条 旅馆、饭店、影剧院、娱乐场、体育场馆、展览馆或者其他供社会公众活动的场所违反安全规定，致使该场所有发生安全事故危险，经公安机关责令改正而拒不改正的，对其直接负责的主管人员和其他直接责任人员处五日以下拘留；情节较重的，处五日以上十日以下拘留。

【解疑惑】什么是供社会公众活动的场所？

本条所指的供社会公众活动的场所就是公共场所，本条规定的是对"公共场所经营管理人员违反安全规定"的处罚。公共场所通常指的是对公众开放，供人们进行社交、娱乐、休息、购物、学习等活动的区域或空间。这些地方一般由政府、企业或其他组织管理，并且对公众开放，允许人们自由进出。公共场所主要包括旅馆、饭店、影剧院、娱乐场、体育场馆、展览馆、歌舞厅、酒吧、网吧、洗浴中心、按摩店、茶馆等场所。公共场所要求经营者要负责好安全管理，引导参与者遵守一定的规章制度，以确保安全和秩序。

【辨差异】本行为与相关犯罪行为的区别

公共场所经营管理人员违反安全规定，是指旅馆、饭店、影剧院、娱乐场、体育场馆、展览馆或者其他供社会公众活动场所的经营管理人员违反安全规定，致使该场所有发生安全事故危险，经公安机关责令改正，拒不改正，尚不够刑事处罚的行为。

本行为与重大责任事故罪、危险作业罪的区别主要体现在危害后果的严重程度及具体行为方式、情节上。重大责任事故罪以实际造成重大事故或其他严重结果作为犯罪成立条件；而危险作业罪的成立要件在于违反安全管理的规定达到严重后果的现实危险，是危险犯，不要求实际发生生产、作业事故。

本行为与危险作业罪规定的"因存在重大事故隐患被依法责令停产停业、停止施工、停止使用有关设备、设施、场所或者立即采取排除危险的整改措施，而拒不执行的"存在衔接关系，如果有发生重大伤亡事故或者其他严重后果的现实危险的，构成危险作业罪。

【举实例】公共场所经营管理人员违反安全规定被处罚

某日，派出所在对某临街餐馆进行消防安全检查时，发现厨房存在使用瓶装液化气、电气线路未套管保护等消防安全隐患，有发生火灾危险，遂当场开具责令限期改正通知书。次月，再次对餐馆进行消防安全检查时，发现以上消防安全隐患均未整改。公安机关遂依法决定给予餐馆经营者王某某行政拘留3日的处罚。

第四十六条 违反有关法律法规关于飞行空域管理规定，飞行民用无人驾驶航空器、航空运动器材，或者升放无人驾驶自由气球、系留气球等升空物体，情节较重的，处五日以上十日以下拘留。

飞行、升放前款规定的物体非法穿越国（边）境的，处十日以上十五日以下拘留。

【解疑惑】本条中的"违反有关法律法规规定"是指哪些法律法规？

本条是对"低慢小"航空器安全飞行管理的规定。所谓"低慢小"航空器，是指飞行高度在1000米以下、飞行时速小于200公里、雷达反射面积小于2平方米的航空器。主要包括轻型和超轻型飞机（含轻型和超轻型直升机），滑翔机，三角翼，动力三角翼，载人气球（热气球），飞艇，滑翔伞，动力滑翔伞，无人机，航空模型，无人驾驶自由气球、系留气球等。

"低慢小"航空器的飞行活动需要遵守《中华人民共和国飞行基本规则》《通用航空飞行管制条例》等有关法律法规。所以，这里的"有关法律法规"主要包括《中华人民共和国民用航空法》《无人驾驶航空器飞行管理暂行条例》《通用航空飞行管制条例》《民用无人机空中交通管理办法》《通用航空飞行任务审批与管理规定》《航空体育运动管理办法》《滑翔伞运动管理办法》《动力伞运动管理办法》等法律法规、部门规章等。

【辨差异】非法飞行无人驾驶航空器行为与无证驾驶、偷开航空器行为的区别

二者在行为方式上具有相似性，均存在违反相关法律法规，非法操控无人驾驶航空器行为，两者的主要区别体现在违法行为主体、行为性质和法律后果上。非法飞行无人驾驶航空器，通常指的是在没有获得相关许可的情况下操作无人机，特别是在禁飞区域飞行，这可能干扰空中航班，危害公共安全。无证驾驶或偷开航空器，是指没有取得无人机驾驶资格或者合法驾驶证书的人操作航空器，或者未经所有人同意而擅自操作他人的航空器。这两种行为虽然都涉及非法操作无人驾驶航空器，但非法飞行无人驾驶航空器更侧重于未经许可的飞行活动，而无证驾驶或偷开航空器则强调操作者的资格和权限问题，这好比机动车驾驶员应当取得机动车驾驶证，方可驾驶机动车一样。在行为性质上，非法飞行无人驾驶航空器侵犯的客体是复杂客体，包括"低慢小"飞行器管理秩序和公共安全，属于妨害公共安全行为；无证驾驶、偷开航空器侵犯的客体是国家对驾驶员考试、资格授予等管理秩序，属于妨害社会管理秩序行为。在法律后果上，非法飞行无人驾驶航空器只有情节严重或者非法穿越国（边）境的才处罚，且只有行政拘留处罚；而无证驾驶或偷开航空器行为可以进行罚款处罚，情节严重的可以给予行政拘留并处罚款处罚。

【长知识】"黑飞"属于违法行为，依法应予以行政处罚

《无人驾驶航空器飞行管理暂行条例》于2024年1月1日起正式施行。该条例规定，无人机所有人应当在民用无人驾驶航空器飞行管理综合管理平台（UOM平台）进行实名登记，取得登记标志。操控无人机应遵守《中华人民共和国飞行基本规则》《通用航空飞行管制条例》等有关法律法规，个人飞行要取得无人机操控证书，了解即将飞行的区域是否属于禁飞区，提前申请报备。所谓"黑飞"，是指未经批准、未取得合法飞行资格或者未按照相关规定进行报备的飞行活动，包括无证驾驶飞行、未获得许可飞行、净空区域飞行、超出飞行区域飞行、不进行实名登记飞行等行为。"黑飞"行为不仅违反了相关法律法规，还可能对航空安全、公共秩序、个人隐私等造成威胁和损害，因此需要承担违法责任。《无人驾驶航空器飞行管理暂行条例》第51条第2款规定，违反本条例规定，未经批准操控微型、轻型、小型民用无人驾驶航空器在管制空域内飞行，或者操控模型航空器在空中交通管理机构划定的空域外飞行的，由公安机关责令停止飞行，可以处500元以下的罚款；情节严重的，没收实施违规飞行的无人驾驶航空器，并处1000元以上1万元以下的罚款。

第三节　侵犯人身权利、财产权利的行为和处罚

第四十七条　有下列行为之一的，处十日以上十五日以下拘留，并处一千元以上二千元以下罚款；情节较轻的，处五日以上十日以下拘留，并处一千元以下罚款：

（一）组织、胁迫、诱骗不满十六周岁的人或者残疾人进行恐怖、残忍表演的；

（二）以暴力、威胁或者其他手段强迫他人劳动的；

（三）非法限制他人人身自由、非法侵入他人住宅或者非法搜查他人身体的。

【解疑惑】1. 什么是恐怖、残忍表演？

恐怖、残忍表演一般表现为利用人体缺陷或者以展示人体变异等方式招揽观众，或以恐怖、残忍、摧残表演者身心健康以及虐待动物等方式进行的表演活动，如刀劈活人、脚踩幼童等。这类表演会对参与者的身心健康造成严重伤害，也会对社会风气产生不良影响，故应予禁止和取缔。

2. 什么是非法侵入住宅？

非法侵入住宅是妨害他人正常生活和居住安全的行为，在行为的认定上有积极的侵入和消极的侵入两种。积极的侵入表现为未经住宅主人同意，非法强行闯入他人住宅的情形；消极的侵入表现为无正当理由进入他人住宅，经住宅主人要求其退出仍拒不退出的情形。

【举实例】非法侵入住宅被处罚

谢某与王女士分手后，屡次找到王女士要求复合，均被拒绝。某日晚上，谢某酒后拨打王女士电话未被接通，便心生不满，独自前往王女士住宅。谢某发现王女士房门未锁，便直接进入房间，还将王女士冰箱内的食物吃掉。王女士回家后发现室内有人，便立即报警。谢某构成非法侵入他人住宅行为，被公安机关依法给予行政拘留10日的处罚。

【长知识】公民住宅神圣不可侵犯

"公民住宅神圣不可侵犯"是许多国家和地区法律体系中的一项基本原则，它强调对公民人身安全、隐私权和居住权的保护。《中华人民共和国宪法》(以下简称《宪法》)第39条规定:"中华人民共和国公民的住宅不受侵犯。禁止非法搜查或者非法侵入公民的住宅。"也就是说,公民的住宅和居住安全受到法律的严格保护,任何个人或机构未经法律程序和公民同意,不得擅自侵入、搜查或破坏公民的住宅。正所谓"风能进、雨能进,国王不能进。"体现了个人住宅和私人空间神圣不可侵犯的权利观念,是对个人权利的尊重和保护。

第四十八条 组织、胁迫未成年人在不适宜未成年人活动的经营场所从事陪酒、陪唱等有偿陪侍活动的,处十日以上十五日以下拘留,并处五千元以下罚款;情节较轻的,处五日以下拘留或者五千元以下罚款。

【解疑惑】不适宜未成年人活动的经营场所有哪些?

根据《中华人民共和国未成年人保护法》(以下简称《未成年人保护法》)第58条的规定,不适宜未成年人活动的场所包括营业性娱乐场所、酒吧、互联网上网服务营业场所等。其中,营业性娱乐场所指以营利为目的,向公众开放的、消费者自娱自乐的歌舞、游艺等场所。[1]上述场所的经营者应当在显著位置设置未成年人禁入、限入标志;对难以判明是否未成年人的,应当要求其出示身份证件。

需要指出的是,本法条中的"组织、胁迫"行为人,不限于上述场所的经营者。只要实施了组织、胁迫未成年人从事有偿陪侍服务的行为,即可成为本法条所规定违反治安管理行为的主体。

---

① 参见《娱乐场所管理条例》第2条。

【辨差异】组织、胁迫未成年人从事有偿陪侍服务行为与犯罪的区别

《刑法》第262条规定了组织未成年人进行违反治安管理活动罪。根据最高人民检察院的指导性案例（检例第173号），对组织未成年人在KTV等娱乐场所进行有偿陪侍的，检察机关应当以组织未成年人进行违反治安管理活动罪进行追诉。因此，组织、胁迫未成年人从事有偿陪侍服务行为与犯罪的区别在于情节和后果，应当综合考虑被害人人数、违法行为持续时间、采用何种手段、对未成年人身心健康的损害后果、有偿陪侍的具体方式等进行认定，对尚不够刑事处罚的行为，由公安机关依照本法给予治安管理处罚。

第四十九条 胁迫、诱骗或者利用他人乞讨的，处十日以上十五日以下拘留，可以并处二千元以下罚款。

反复纠缠、强行讨要或者以其他滋扰他人的方式乞讨的，处五日以下拘留或者警告。

【解疑惑】什么是以滋扰他人的方式乞讨？

以滋扰他人的方式乞讨，是指通过反复纠缠、强行讨要或采用其他扰乱他人正常生活秩序的方式进行乞讨的行为。常见的行为方式有：（1）反复纠缠，如拽衣服、抱腿、不断缠着要钱；（2）强行讨要，采用蛮横方式进行乞讨，导致他人不得不满足其要求；（3）其他滋扰方式，如跟随、追踪，讨要"喜钱""发财钱"等，导致他人违背真实意愿，不得不满足其乞讨要求的行为。强行乞讨常常发生在商铺、广场、马路、公共交通工具等公共场所，不仅干扰他人的正常生活，也扰乱公共秩序，依法应予以治安管理处罚。

【举实例】以滋扰他人的方式乞讨被处罚

春节期间，王某手提大铜锣来到临街一家小吃店，向店主乞讨。店主知道他是职业乞讨者，为了不影响生意，给他拿了2元钱，想让他尽快离开。王某说2元钱太少，让店主多给一点，店主不肯，认为既然是乞讨，哪儿有要求别人给多少的。王某于是边敲锣、边讲吉利话，强迫店主给钱。店主多次劝说，他也一直不肯离去。店主不胜其扰，只好报警。王某被公安机关给予行政拘留5日的处罚。

第五十条 有下列行为之一的，处五日以下拘留或者一千元以下罚款；情节较重的，处五日以上十日以下拘留，可以并处一千元以下罚款：

（一）写恐吓信或者以其他方法威胁他人人身安全的；

（二）公然侮辱他人或者捏造事实诽谤他人的；

（三）捏造事实诬告陷害他人，企图使他人受到刑事追究或者受到治安管理处罚的；

（四）对证人及其近亲属进行威胁、侮辱、殴打或者打击报复的；

（五）多次发送淫秽、侮辱、恐吓等信息或者采取滋扰、纠缠、跟踪等方法，干扰他人正常生活的；

（六）偷窥、偷拍、窃听、散布他人隐私的。

有前款第五项规定的滋扰、纠缠、跟踪行为的，除依照前款规定给予处罚外，经公安机关负责人批准，可以责令其一定期限内禁止接触被侵害人。对违反禁止接触规定的，处五日以上十日以下拘留，可以并处一千元以下罚款。

【解疑惑】什么是滋扰、纠缠、跟踪行为？

滋扰，是指通过持续、不当的行为干扰他人正常生活，比如频繁的电话或者信息骚扰、恶意堵门、故意制造噪声、堵锁眼、泼污物等行为。纠缠，是指无视受害人的拒绝，缠在受者人身边，有时还会做出过激、失控的行为。跟踪，是指除了常见的不经他人同意进行尾随、跟随、监视外，还有通过电子设备对他人进行定位、监控行动轨迹等行为。不论是滋扰，还是纠缠、跟踪，都是对受害人的正常生活的干扰和人身权利的侵犯。滋扰、纠缠、跟踪行为往往因债务纠纷、情感问题、邻里矛盾等引起，具有持续性的特点，即在较长的一段时间内持续不断地对受害人进行骚扰，以达到某种不当目的。

【辨差异】1. 侮辱行为、诽谤行为、诬告陷害行为的区别

侮辱行为，是指以暴力或者其他方法，公然贬低他人人格，破坏他人声誉的违反治安管理行为。诽谤行为，是指捏造并散布虚假事实，贬低他人人格，破坏他人声誉的违反治安管理行为。诬告陷害行为，是指捏造虚假事实，并向公安、司法等机关告发，意图陷害他人，使他人受到刑事追究或者治安管理处罚的违反治安管理行为。三者既有联系，也有区别。

侮辱行为和诽谤行为侵犯的都是公民的人格权、名誉权。但两者的行为方式有所区别：诽谤行为是无中生有、捏造事实并进行散布，从而达到贬低他人人格、破坏他人名誉的目的，一般是在公共场合散布或者向第三者进行散布；侮辱行为不涉及捏造事实，经常是当面进行，目的同样是贬低他人人格，破坏他人名誉。

诽谤行为和诬告陷害行为均属于捏造事实侵害他人合法权益的违法行为。但两者捏造的事实和目的动机有区别：前者是捏造虚假事实，公开散布、传播，损害他人名誉，导致他人社会评价降低。后者是捏造违法犯罪事实，并向公安、司法等机关进行告发，企图使他人受到刑事追究或者治安管理处罚，该行为还可能扰乱公安、司法机关的正常工作秩序。例如，在网络上编造他人"贪污受贿"的虚假信息并广泛传播。

2. 本条中的"多次发送淫秽信息"与"传播淫秽信息"行为的区别

多次发送淫秽信息行为，是指通过多次发送淫秽、侮辱、恐吓或者其他信息的方式，干扰他人正常生活的违反治安管理行为。传播淫秽信息行为，是指利用计算机网络、电话以及其他通讯工具传播淫秽信息的违反治安管理行为。本条中的"多次发送淫秽信息"行为与"传播淫秽信息"行为既有联系，也有区别。二者发送的内容均为淫秽信息，但二者在发送、传播的目的、动机，以及发送方式上存在区别：前者通过发送信息，骚扰他人，侵犯他人正常生活；后者侵犯的是社会治安管理秩序和良好社会风尚。在行为方式上，前者的发送是"点对点"，针对特定对象进行的，且对发送次数有要求，即多次，也就是3次以上。其目的是干扰被侵害人的正常生活，行为人与被侵害人之间往往是认识的。后者的传播行为是"点对面"，对象不特定，比如在网络聊天室、论坛，或者利用电子邮件、短信等，广泛散布淫秽信息。行为人实施该行为的目的主要是满足自己低俗趣味的需要，损害社会公序良俗。

【举实例】1. 诬告陷害他人被处罚

李某因其工程款没有得到及时结算，认为是某市农业农村局干部王某从中作梗，心生不满，遂以他人名义捏造王某违规拨付工程款、指定招标代理机构等违纪违法问题，多次向各级纪检监察机关举报，意图使王某受到相关责任追究。李某的行为构成诬告陷害他人，被公安机关给予行政拘留10日的处罚。

2. 散布他人隐私被处罚

王女士通过社交平台认识了司某，但经过几次相处后，王女士认为两人并不合适，便向司某提出不再交往。司某对王女士心生怨恨，便将王女士的照片、工作单位和地点等信息，以相亲交友的名义公布在网络上，冒充王女士发布虚假征婚信息。他还冒充王女士在网上和人聊天，诱骗对方到王女士的工作地点进行约会。王女士不断接到陌生男子来电，还有多名陌生男子到工作地点找她见面，因此愤而报警。公安机关在查实司某违法行为后，责令其删除相关信息，并依法给予行政拘留7日的处罚。

【长知识】人身权利的内容和范围

本条是对威胁人身安全、侮辱、诽谤等侵犯他人人身权利行为的处罚规定，涉及六种具体的违反治安管理行为：（1）威胁人身安全行为；（2）侮辱行为；（3）诽谤行为；（4）诬告陷害行为；（5）发送信息或者采取滋扰、纠缠、跟踪等方法干扰正常生活行为；（6）滋扰、纠缠、跟踪行为；（7）侵犯他人隐私行为。人身权利是与公民人身相关的权利，主要包括人格权和身份权，是公民最基本的权利，是其他权利的基础。其中人格权包括生命健康权、人身自由权、人格尊严权等。本条即是对公民人身安全、人身自由、名誉、隐私等几种重要人格权的保护。

第五十一条　殴打他人的，或者故意伤害他人身体的，处五日以上十日以下拘留，并处五百元以上一千元以下罚款；情节较轻的，处五日以下拘留或者一千元以下罚款。

有下列情形之一的，处十日以上十五日以下拘留，并处一千元以上二千元以下罚款：

（一）结伙殴打、伤害他人的；

（二）殴打、伤害残疾人、孕妇、不满十四周岁的人或者七十周岁以上的人的；

（三）多次殴打、伤害他人或者一次殴打、伤害多人的。

【解疑惑】 1.“结伙”“多次”“多人”的认定标准是什么？

根据相关法律规定和司法解释，“结伙”要求两人（含两人）以上共同实施违反治安管理行为。与一般的共同违反治安管理行为相比，“结伙”具有更强的联络性和预谋性，比如存在内部分工和事前策划等，因此主观恶性更大，社会危害性更强。“多次”是指3次（含3次）以上。“多人”是指3人（含3人）以上。“结伙”“多次”“多人”属于从重处罚的情形，体现了治安管理处罚的过罚相当原则。

2. **殴打、伤害特定对象，在主观方面是否要求明知？**

《治安管理处罚法》之所以将殴打、伤害特定的对象作为从重处罚的情形之一，是出于对残疾人、孕妇、儿童和老人等弱势群体合法权益保护的需要，也是过罚相当原则在法条上的体现。从重处罚情形不要求违反治安管理行为人主观上明知，只要被殴打、伤害的对象是残疾人、孕妇、不满14周岁的人或者70周岁以上的人，就应当按照“情节较重”认定和处理。

【辨差异】 殴打他人和故意伤害的区别

殴打他人与故意伤害侵犯的都是公民身体健康权利。殴打他人主要表现为以拳打脚踢、推搡掌掴等方式对他人身体实施暴力，但未造成轻伤、轻微伤及以上后果的行为。故意伤害是以殴打以外的其他方式损害他人身体健康的行为，比如用机械撞击、电击、用刀扎、用开水烫、使用放射性物质及激光等进行伤害。二者在行为动机上也有区别：殴打一般以“发泄情绪”“报复恐吓”为目的，让对方遭受短暂的身体疼痛或轻微伤害；故意伤害有明确的伤害目的，是行为人出于使他人身体的完整或身体机能受到损害的蓄意报复行为。

【举实例】 殴打他人被处罚

张某的岳父与邻居林某（72周岁）因宅基地发生纠纷，

张某接到岳父的电话，称"被人欺负了过来帮忙"。张某赶到现场时，发现岳父正和邻居发生冲突，于是上前一拳打在林某脸上，林某踉跄后退。林某的侄子上前阻拦，也被张某踹了一脚，遂林某报警。张某的行为已构成殴打他人行为，且受害人林某已满70周岁，属于法定从重处罚情节。由于林某一方不同意调解处理，张某被公安机关给予行政拘留15日的处罚。

第五十二条　猥亵他人的，处五日以上十日以下拘留；猥亵精神病人、智力残疾人、不满十四周岁的人或者有其他严重情节的，处十日以上十五日以下拘留。

在公共场所故意裸露身体隐私部位的，处警告或者五百元以下罚款；情节恶劣的，处五日以上十日以下拘留。

【辨差异】猥亵和强奸的区别

猥亵，是指以刺激或满足性欲为目的，用性交以外的方法实施的淫秽行为，比如抠摸、舌舔、吸吮、亲吻、搂抱、手淫等。强奸，则是指违背妇女的意志，以暴力、胁迫或者其他手段强行与妇女发生性关系的行为。二者的本质区别在于侵害的客体不同，猥亵侵害的是公民的身体自由权、隐私权、名誉权；强奸侵害的是妇女按照自己意志决定正当性行为的权利和身体健康权。此外，二者在行为方式上也有明显差别，强奸表现为性交，而猥亵则是用性交以外的方法实施的违法行为。强奸罪的受害人仅限于女性，而猥亵所侵犯的对象对性别不作限制。

【举实例】猥亵他人被处罚

某地火车站候车大厅中，女大学生小王正站在角落看手机，一位身穿西装的男子踱步至小王身后，用下体碰触小王臀部。小王吃了一惊，连忙躲开，并向附近巡逻民警报警。

经查，男子姓邓，30岁，在某地生活得不顺利，因此准备回老家，候车时一时糊涂做出了下流动作。邓某因在公共场所实施猥亵，被公安机关处以行政拘留7日的处罚。

【长知识】本条中的"严重情节""情节恶劣"情形的认定

根据相关司法解释和执法实践，猥亵行为的情节主要考虑违法行为发生地、受害人情况、社会影响等因素，因此除了法条中明确规定的猥亵精神病人、智力残疾人、不满14周岁的人，"有其他严重情节"主要是指在公共场所猥亵他人、猥亵多人的情形。

在公共场所故意裸露身体隐私部位，"情节恶劣"主要考虑违法行为发生地、受害人情况、社会影响、行为人主观恶性等因素，比如违法行为造成现场秩序混乱等危害后果或者较大社会影响、现场有多名异性或者未成年人、经制止拒不改正的、伴随挑逗性语言或者动作等情形。

第五十三条 有下列行为之一的，处五日以下拘留或者警告；情节较重的，处五日以上十日以下拘留，可以并处一千元以下罚款：

（一）虐待家庭成员，被虐待人或者其监护人要求处理的；

（二）对未成年人、老年人、患病的人、残疾人等负有监护、看护职责的人虐待被监护、看护的人的；

（三）遗弃没有独立生活能力的被扶养人的。

【解疑惑】父母打骂未成年子女构成虐待行为吗？

虐待行为，是指对他人实施长期的、恶意的身体或精神上的伤害，使其遭受痛苦或健康损害的行为。虐待行为往往发生在家庭成员或者监护人之间，行为人与受害人之间常常存在一定的亲属关系。《未成年人保护法》明确禁止父母或其他监护人对未成年人实施家庭暴力，即以殴打、捆绑、残害、限制未成年人的人身自由，以及经常性谩骂、恐吓等方式实施的身体、精神等侵害行为。在家庭生活中，父母偶尔对未成年子女的轻微打骂、体罚等行为属于教育不当行为，不构成虐待。如果父母对未成年子女进行经常性、长期性的殴打、谩骂、恐吓或者限制人身自由等行为，且主观上存在对子女进行肉体和精神上的摧残、折磨的故意，则构成虐待行为。

【辨差异】1. 虐待行为与虐待罪的区别

虐待行为与虐待罪的区别在于情节是否恶劣，具体需要综合考虑虐待行为持续的时间、虐待手段等。根据最高人民法院、最高人民检察院、公安部、司法部《关于依法办理家庭暴力犯罪案件的意见》（法发〔2015〕4号）和相关司法实践，虐待的"情节恶劣"是指：（1）虐待持续时间较长、次数较多；（2）虐待手段残忍；（3）虐待造成被害人轻微伤或者患较严重疾病；（4）对未成年人、老年人、残疾人、孕妇、哺乳期妇女、重病患者实施较为严重的虐待行为。

2. 遗弃行为与遗弃罪的区别

遗弃行为，是指负有扶养、抚养或赡养义务的人，拒绝履行法定扶养义务的行为。遗弃罪，是指负有扶养义务的人，拒绝扶养年老、年幼、患病或其他无独立生活能力的人，情节恶劣的行为。两者的主要区别在于行为的严重程度、主观恶意及法律后果不同。情节恶劣的，构成遗弃罪；反之，则应以遗弃行为给予治安行政处罚。根据相关司法解释，遗弃的"情节恶劣"是指：（1）对被害人长期不予照顾、不提供生活来源；（2）驱赶、逼迫被害人离家，致使被害人流离失所或者生存困难；（3）遗弃患严重疾病或者生活不能自理的被害人；（4）遗弃致使被害人身体严重损害或者造成其他严重后果等。

【长知识】抚养人应承担的法律义务

抚养，是指法律规定的特定亲属之间，一方（抚养人）对另一方（被抚养人）在经济和生活上提供必要照顾和供养的行为。抚养关系通常存在于父母与子女之间，但也可能存在于其他法定亲属之间。根据《民法典》①和相关法律规定，抚养义务规定如下：（1）父母对未成年子女或不能独立生活的成年子女（如残疾、患病等）有抚养、教育和保护的义务。（2）成年子女对缺乏劳动能力或生活困难的父母有赡养义务，包括生活照料、精神慰藉、提供住所、医疗陪护等。（3）夫妻之间的相互扶持。一方遭受疾病、失业等困难时，另一方有经济扶助义务，包括承担共同生活的家庭日常开支、医疗费用等。（4）其他亲属间的扶养义务。例如，父母无力抚养时，祖父母、外祖父母对孙子女、外孙子女有抚养义务；子女去世后，孙子女、外孙子女对祖父母、外祖父母有赡养义务；父母去世或无力抚养时，成年兄姐对未成年弟妹有扶养义务；兄姐缺乏劳动能力时，由具备经济能力的弟妹扶养。

第五十四条 强买强卖商品，强迫他人提供服务或者强迫他人接受服务的，处五日以上十日以下拘留，并处三千元以上五千元以下罚款；情节较轻的，处五日以下拘留或者一千元以下罚款。

【解疑惑】什么是强迫交易行为？"价格刺客""涨价退单"构成强迫交易吗？

强迫交易行为，是指以暴力、威胁或其他强制手段，违

---

① 参见《民法典》第 1058、1067、1074、1075 条。

背他人真实意愿，强迫其进行交易或阻碍公平竞争的行为，表现为强买强卖商品、强迫他人提供服务或者强迫他人接受服务。比如强拉硬拽，以实施暴力或者损害名誉进行恐吓，使得被害人不得不接受交易。强买强卖的行为破坏了自由、平等的市场经济秩序，侵犯了公民对交易的自主选择权，理应受到法律的制裁。

"价格刺客"，是指商家故意不明确标价，待消费者结账时发现价格远高于预期。消费者在购买时因超预期，就像刺客一样给予消费者"致命一击"，如1600元一斤的话梅。"涨价退单"也是近年来消费维权的热点。商家在消费者下单后单方面涨价，并强制取消原订单，以新价格重新销售，如酒店、电商平台节假日期间毁约涨价行为。

"价格刺客"没有使用暴力和威胁手段，不构成强迫交易，但涉嫌价格欺诈，可向市场监管部门投诉。"涨价退单"则构成民事侵权行为，依法应承担民事赔偿责任。

【辨差异】强迫交易行为与强迫交易罪的区别

两者的区别主要在于情节是否严重。根据相关司法解释，[①]以暴力、威胁手段强买强卖商品，强迫他人提供服务或者强迫他人接受服务的以下情形，应当以强迫交易罪追诉：（1）造成被害人轻微伤的；（2）造成直接经济损失2000元以上的；（3）强迫交易3次以上或者强迫3人以上交易的；（4）强迫交易数额10000元以上，或者违法所得数额2000元以上的；（5）强迫他人购买伪劣商品数额5000元以上，或者违法所得数额1000元以上的；（6）其他情节严重的

---

① 参见最高人民检察院、公安部《关于公安机关管辖的刑事案件立案追诉标准的规定（一）》（2008年6月25日）以及《关于公安机关管辖的刑事案件立案追诉标准的规定（一）的补充规定》（2017年4月27日）。

情形。

【长知识】本条规定中的"情节较轻"的认定

根据相关司法解释和执法实践，强迫交易行为的"情节较轻"是指数额较小、暴力情节较轻的行为：（1）强迫交易造成直接经济损失不满200元的；（2）强迫交易数额不满1000元或者违法所得数额不满200元的；（3）强迫他人购买伪劣商品数额不满500元或者违法所得数额不满100元的；（4）事后主动返还财物或者支付有关费用，取得受害人谅解的；（5）其他情节较轻的行为。

第五十五条　煽动民族仇恨、民族歧视，或者在出版物、信息网络中刊载民族歧视、侮辱内容的，处十日以上十五日以下拘留，可以并处三千元以下罚款；情节较轻的，处五日以下拘留或者三千元以下罚款。

【解疑惑】煽动民族仇恨、民族歧视行为是否要求造成实际危害后果？

本条规定的煽动民族仇恨、民族歧视行为，是指以激起民族之间的仇恨、歧视为目的，公然以语言、文字等方式蛊惑、鼓动群众的行为。我国《宪法》第4条规定："中华人民共和国各民族一律平等。"国家保障各少数民族的合法权利和利益，维护和发展各民族的平等团结互助和谐关系。禁止对任何民族的歧视和压迫，禁止破坏民族团结和制造民族分裂的行为。煽动民族仇恨、民族歧视行为既是对他人人身权利的侵犯，也是对民族平等、民族团结的破坏，违背宪法确立的"中华人民共和国各民族一律平等"原则。行为人只要实施了煽动民族仇恨、民族歧视的行为，不管是否造成实际危害后果，均应当给予治安管理处罚。

第五十六条　违反国家有关规定，向他人出售或者提供个人信息的，处十日以上十五日以下拘留；情节较轻的，处五日以下拘留。

窃取或者以其他方法非法获取个人信息的，依照前款的规定处罚。

【解疑惑】什么是"个人信息"？

根据《中华人民共和国个人信息保护法》（以下简称《个人信息保护法》）相关规定，个人信息是以电子或者其他方式记录的与已识别或者可识别的自然人有关的各种信息，不包括匿名化处理后的信息，比如姓名、出生日期、身份证件号码、生物识别信息、住址、电话号码、电子邮箱、健康信息、行踪信息等。

【辨差异】侵犯公民个人信息行为与侵犯公民个人信息罪的区别

侵犯公民个人信息行为与侵犯公民个人信息罪的区别在于情节是否严重。根据相关司法解释，[①]下列侵犯公民个人信息的行为属于"情节严重"，构成侵犯公民个人信息罪：（1）出售或者提供行踪轨迹信息，被他人用于犯罪的；（2）知道或者应当知道他人利用公民个人信息实施犯罪，向其出售或者提供的；（3）非法获取、出售或者提供行踪轨迹信息、通信内容、征信信息、财产信息50条以上的；（4）非法获取、出售或者提供住宿信息、通信记录、健康生理信息、交易信息等其他可能影响人身、财产安全的公民个人信息500条以上的；（5）非法获取、出售或者提供第三项、第四项规定以外的公民个人信息5000条以上的；（6）数量未达到第三项至第五项规定标准，但是按相应比例合计达到有关数

---

①　参见最高人民法院、最高人民检察院《关于办理侵犯公民个人信息刑事案件适用法律若干问题的解释》（2017年5月8日）。

量标准的；（7）违法所得5000元以上的；（8）将在履行职责或者提供服务过程中获得的公民个人信息出售或者提供给他人，数量或者数额达到第三项至第七项规定标准一半以上的；（9）曾因侵犯公民个人信息受过刑事处罚或者二年内受过行政处罚，又非法获取、出售或者提供公民个人信息的；（10）其他情节严重的情形。

【长知识】不需取得个人同意可处理个人信息的情形

根据《个人信息保护法》的相关规定，处理个人信息，不需取得个人同意的情形有：（1）为订立、履行个人作为一方当事人的合同所必需，或者按照依法制定的劳动规章制度和依法签订的集体合同实施人力资源管理所必需；（2）为履行法定职责或者法定义务所必需；（3）为应对突发公共卫生事件，或者紧急情况下为保护自然人的生命健康和财产安全所必需；（4）为公共利益实施新闻报道、舆论监督等行为，在合理的范围内处理个人信息；（5）依照本法规定在合理的范围内处理个人自行公开或者其他已经合法公开的个人信息；（6）法律、行政法规规定的其他情形。

第五十七条 冒领、隐匿、毁弃、倒卖、私自开拆或者非法检查他人邮件、快件的，处警告或者一千元以下罚款；情节较重的，处五日以上十日以下拘留。

【解疑惑】冒领他人邮件后将他人财物占为己有构成什么行为？

冒领他人邮件行为，是指行为人冒用他人身份信息，领取他人的邮件、快件，侵犯公民的通信自由权利的行为。该行为在主观上表现为故意，即行为人明确知道或者应当知道冒领行为会侵犯他人信息权益，并且希望或者放任这种结果的发生。其动机则多种多样，泄愤报复、好奇或者窥探心理作祟、集邮等都有可能。需要指出的是，如果被冒领邮件中有财物，而行为人以非法占有该财物为目的拒不归还的，在构成冒领他人邮件行为的同时，还可能因虚构事实，冒充收件人从快递员手中骗取邮件，构成诈骗行为。

【举实例】冒领、隐匿他人邮件被处罚

张某在小区物业办公室帮妻子取邮件时，发现楼下邻居何某的私人信件，张某以何某的名义拿走了信件。何某当晚取信件时寻找无果，通过查看监控发现了张某的冒领行为，遂报警。经查，张某称何某曾因卫生间漏水的事情要求自己赔偿，双方有纠纷，所以当时就想着给何某找点麻烦，在冒领之后就将信件藏到了旁边灌木丛里。张某的行为构成冒领、隐匿他人邮件行为，被公安机关处以罚款500元。

第五十八条　盗窃、诈骗、哄抢、抢夺或者敲诈勒索的，处五日以上十日以下拘留或者二千元以下罚款；情节较重的，处十日以上十五日以下拘留，可以并处三千元以下罚款。

【辨差异】盗窃行为与盗窃罪的区别

盗窃行为与盗窃罪的区别主要体现在社会危害程度上，盗窃数额、行为次数、行为方式、盗窃对象等均可能成为社会危害程度大小的评判标准。根据相关司法解释，[①]二者的区别主要体现在以下几个方面：（1）数额是否较大。盗窃公私财物价值1000元至3000元以上为"数额较大"，构成盗窃罪；未达到该数额的，构成盗窃行为。至于构成盗窃罪的具体数额标准，由各省、自治区、直辖市根据本地区的经济发展状况，并考虑社会治安状况，在上述幅度内确定本地区的执行

---

①　参见最高人民法院、最高人民检察院《关于办理盗窃刑事案件适用法律若干问题的解释》（2013年4月2日）。

标准。（2）是否多次。2年内3次以上实施盗窃的，构成盗窃罪；反之，仅构成违反治安管理的盗窃行为。（3）是否入户。行为人非法进入供他人家庭生活、与外界相对隔离的住所实施盗窃的，构成盗窃罪。（4）是否携带凶器。携带凶器实施盗窃的，构成盗窃罪。（5）是否扒窃。在公共场所或者公共交通工具上盗窃他人随身携带财物的，为扒窃，不论数额大小，一律以盗窃罪论处。

第五十九条 故意损毁公私财物的，处五日以下拘留或者一千元以下罚款；情节较重的，处五日以上十日以下拘留，可以并处三千元以下罚款。

【辨差异】故意损毁财物行为与故意毁坏财物罪的区别

故意损毁财物行为与故意毁坏财物罪在行为方式、侵犯客体方面是一致的，二者的区别在于数额是否较大、情节是否严重。根据相关司法解释，①故意毁坏公私财物的下列情形之一，应以故意毁坏财物罪立案追诉：（1）造成公私财物损失5000元以上的；（2）毁坏公私财物3次以上的；（3）纠集3人以上公然毁坏公私财物的；（四）其他情节严重的情形。

【举实例】故意损毁财物被处罚

王某为装修新房，向范某明购买了瓷砖，但未支付货款。范某明到王某正在装修的房屋内找王某，但王某不在。范某明认为王某是在故意躲债，便不让施工工人贴瓷砖，施工工人给王某打电话并报警。民警到场后，将范某明等人带回公安机关进行调解。在就瓷砖款进行协商期间，范某明的儿子范某返回王某新房内，用锤子将厨房、卫生间、卧室、阳台

---

① 参见最高人民检察院、公安部《关于公安机关管辖的刑事案件立案追诉标准的规定（一）》第33条（2008年6月25日）。

部分已经贴好的瓷砖撬掉、损毁。经当地价格认证中心鉴定，被损坏瓷砖及工时费为2480元。范某的行为构成故意损毁财物行为，被公安机关给予行政拘留7日的处罚。

第六十条　以殴打、侮辱、恐吓等方式实施学生欺凌，违反治安管理的，公安机关应当依照本法、《中华人民共和国预防未成年人犯罪法》的规定，给予治安管理处罚、采取相应矫治教育等措施。

学校违反有关法律法规规定，明知发生严重的学生欺凌或者明知发生其他侵害未成年学生的犯罪，不按规定报告或者处置的，责令改正，对其直接负责的主管人员和其他直接责任人员，建议有关部门依法予以处分。

【解疑惑】1. 什么是学生欺凌？

《未成年人保护法》第130条规定，学生欺凌，是指发生在学生之间，一方蓄意或者恶意通过肢体、语言及网络等手段实施欺压、侮辱，造成另一方人身伤害、财产损失或者精神损害的行为。学生欺凌行为要求行为人具有主体上的特定性、主观上的故意性和后果上的伤害性，以此将其与校园暴力、学生间正常的嬉闹等区别开来。根据欺凌的手段和方式，具体可以分为以下五类行为：（1）殴打、脚踢、掌掴、抓咬、推撞、拉扯等侵犯他人身体或者恐吓威胁他人；（2）以辱骂、讥讽、嘲弄、挖苦、起侮辱性绰号等方式侵犯他人人格尊严；（3）抢夺、强拿硬要或者故意毁坏他人财物；（4）恶意排斥、孤立他人，影响他人参加学校活动或者社会交往；（5）通过网络或者其他信息传播方式捏造事实诽谤他人、散布谣言或者错误信息诋毁他人、恶意传播他人隐私。学生之间，在年龄、身体或者人数等方面占优势的一方蓄意或者恶意对另一方实施前款行为，或者以其他方式欺压、侮辱另一方，造成人身伤害、财产损失或者精神损害的，可以认定为构成欺凌①。

2. 对学生欺凌的处置办法是什么?

根据学生欺凌的行为方式、持续时间、参与人数、危害后果等因素进行综合考虑，对情节轻微的学生欺凌，未违反治安管理的，由学校依照《预防未成年人犯罪法》第31条和第33条，采取相应的管理教育措施，如加强管理教育、予以训导、予以处分等。对符合该法规定，以殴打、侮辱、恐吓等方式实施学生欺凌，违反治安管理的，由公安机关依法调查处理，根据欺凌行为的方式、程度以及行为人年龄等具体情况，依照《治安管理处罚法》给予相应的治安管理处罚、责令其父母或者其他监护人严加管教，或者依照《预防未成年人犯罪法》，采取训诫、责令赔礼道歉、赔偿损失等矫治教育措施。

3. 学校哪些人应对学生欺凌行为直接负责?

本条第二款规定了学校对校园欺凌行为的管理责任，明确了直接负责的主管人员和其他直接责任人员的报告和处置义务。根据《预防未成年人犯罪法》和《未成年人学校保护规定》，学校应当加强日常安全管理，完善学生欺凌发现和处置的工作流程，指定一名校领导直接负责学生保护工作，并要求教职工在职责范围内注意发现，及时干预和报告学生欺凌行为。学校接到报告后应当立即开展调查，进行认定和处置。对违反治安管理或者涉嫌犯罪等严重欺凌行为，不得隐瞒，应当及时向公安机关、教育行政部门报告，并配合相关部门依法处理。

---

① 参见《未成年人学校保护规定》(中华人民共和国教育部令第50号)。

因此，学校中应当对学生欺凌行为直接负责的人员包括校长、分管校长以及负有直接责任的教职工。

【辨差异】学生欺凌行为与相关违法犯罪的区别

学生欺凌，是指在校园内外学生间，一方单次或多次，蓄意或恶意通过肢体、语言及网络等手段实施欺负、侮辱，造成另一方身体伤害、财产损失或精神损害等的行为或事件。这类行为既有可能因违反治安管理而受到治安行政处罚，也会因触犯刑法而被追究刑事责任，他们的区别主要在于行为人的年龄以及行为所造成的危害后果。以故意伤害为例，已满14周岁的学生实施欺凌致被害人轻微伤的，公安机关可以依照本法的规定，给予其相应的治安管理处罚；倘若故意伤害致人重伤或死亡的，则应当承担刑事责任。因校园欺凌致被害人轻伤及以上后果，且行为人已满16周岁的，按故意伤害罪依法追究刑事责任。此外，已满12周岁不满14周岁的人犯故意伤害罪，致人死亡或者以特别残忍手段致人重伤造成严重残疾，情节恶劣，经最高人民检察院核准追诉的，也应当负刑事责任。

第四节　妨害社会管理的行为和处罚

第六十一条　有下列行为之一的，处警告或者五百元以下罚款；情节严重的，处五日以上十日以下拘留，可以并处一千元以下罚款：

（一）拒不执行人民政府在紧急状态情况下依法发布的决定、命令的；

（二）阻碍国家机关工作人员依法执行职务的；

（三）阻碍执行紧急任务的消防车、救护车、工程抢险车、警车或者执行上述紧急任务的专用船舶通行的；

（四）强行冲闯公安机关设置的警戒带、警戒区或者检查点的。

阻碍人民警察依法执行职务的，从重处罚。

【解疑惑】1. 什么是紧急状态？

紧急状态，是指一个国家或地区因为战争、自然灾害、严重灾害事故、公共卫生事件等突发事件，导致正常社会秩序受到严重威胁或破坏，需要采取特殊措施以保护公共安全、维护社会稳定和保障人民基本生活的状态。在紧急状态下，法律规定政府可以采取特别措施，发布决定、命令来限制社会成员一定的行动自由，强制相关公民有偿提供一定劳务或者财物，社会成员也有义务配合政府在紧急状态下采取的措施，来应对和解除突发事件。例如，通过宣布戒严、宵禁等方式禁止公民从事相关活动或者限制公民某些权利。根据《宪法》第67条和第89条的规定，全国人民代表大会常务委员会有权决定全国或者个别省、自治区、直辖市进入紧急状态。国务院有权依照法律规定决定省、自治区、直辖市的范围内部分地区进入紧急状态。

2. 什么是特种车辆？

特种车辆，是指经过特制或专门改装，配有固定的装置设备，担负特殊勤务并悬挂特种车辆号牌、安装使用警报器和标志灯具的车辆。例如，救护车、消防车、警车、工程救险车、军事监理车等。特种车辆通常用于特定的行业，执行特别的任务，具有特定的功能和用途。为了最大限度地挽回人民群众的损失，保障公共安全和人民群众的合法权益，国家法律规定特殊车辆在执行紧急任务的过程中享有优先通行权，其他车辆必须主动避让。根据《中华人民共和国道路交通安全法》（以下简称《道路交通安全法》）第53条的规定，警车、消防车、救护车、工程抢险车在执行紧急任务时，可以使用警报器、标志灯具，在确保安全的前提下，不受行驶路线、行驶方向、行驶速度和信号灯的限制，其他车辆和行人应当让行。虽然特种车辆在执行紧急任务时享有特殊的权利和优先权，但也受到严格的法律规范。驾驶人员必须具备相应的资质和专业培训，严格遵守交通规则和使用规范。

3. 什么是警戒带、警戒区?

根据《公安机关警戒带使用管理办法》第2条的规定，警戒带是指公安机关按照规定装备，用于依法履行职责在特定场所设置禁止进入范围的专用标志物。因集会、游行、示威活动的场所、治安事件、刑事案件、灾害事故、交通事故、爆破或危险品实（试）验、重大文化体育活动、商贸活动等现场治安管理需要，经公安机关现场负责人批准，可以使用警戒带。公安机关及其人民警察依法使用警戒带的行为受法律保护，任何单位和个人不得阻碍、干扰公安机关及其人民警察依法使用警戒带。

警戒区，是指公安机关及其人民警察为了维护社会治安秩序、保障特定目标安全或者维护现场秩序的需要，用警戒带等标识手段划分出来的特定区域。使用警戒带设置警戒区时，在场人员应当服从人民警察的指令，无关人员应当及时退出警戒区；未经公安机关允许，任何人不得跨越警戒带、进入警戒区。对破坏、冲闯警戒带或擅自进入警戒区的，经警告无效，可以强制带离现场，并依照本法给予治安管理处罚。

【辨差异】阻碍人民警察依法执行职务行为与袭警罪的区别

《刑法》规定，暴力袭击正在依法执行职务的人民警察的，构成袭警罪。阻碍人民警察依法执行职务属于阻碍执行职务行为的从重处罚情节，具体表现为对正在依法执行职务的人民警察设置障碍或进行阻挠，但没有使用暴力手段。如果对正在依法执行职务的人民警察实行了捆绑、殴打、伤害等阻止手段的，则构成暴力袭警罪；使用枪支、管制刀具，或者以驾驶机动车撞击等手段阻碍人民警察执行职务的，属于袭警罪的严重情节。因此，两者的区别主要在于是否对正在执行任务的人民警察使用暴力，造成伤害。

【长知识】阻碍执行职务行为的认定

阻碍执行职务行为，是指阻碍国家机关工作人员依法执行职务，尚不够刑事处罚的行为。该行为在客观方面表现为阻碍国家机关工作人员依法执行职务，破坏国家的正常管理活动，侵犯的对象是国家机关工作人员。国家机关工作人员代表国家对国家和社会事务进行管理，其依法进行的社会管理活动受国家法律保护。构成阻碍国家机关工作人员依法执行职务行为，必须满足以下三个条件：一是实施了非暴力性质的阻碍行为；二是阻碍的对象必须是国家机关工作人员；三是国家机关工作人员正在依照法律、法规的规定执行职务。这里的国家机关工作人员，是指在各级国家权力机关、行政机关、司法机关、军事机关、监察机关中从事公务的人员。阻碍执行职务行为要求行为人主观方面明知对方是国家机关工作人员，而对其依法执行职务活动故意拒绝或者设置障碍，但尚未使用威胁和暴力手段。

第六十二条 冒充国家机关工作人员招摇撞骗的，处十日以上十五日以下拘留，可以并处一千元以下罚款；情节较轻的，处五日以上十日以下拘留。

冒充军警人员招摇撞骗的，从重处罚。

盗用、冒用个人、组织的身份、名义或者以其他虚假身份招摇撞骗的，处五日以下拘留或者一千元以下罚款；情节较重的，处五日以上十日以下拘留，可以并处一千元以下罚款。

【解疑惑】招摇撞骗的手段和行为方式有哪些?

招摇撞骗的手段和行为方式主要是冒充国家机关工作人

员，盗用、冒用他人身份或者使用虚假身份行骗。冒充，是指故意伪装成别人或者假装具有某种身份或资格，以获取不当利益或者欺骗他人的行为。这里的冒充国家机关工作人员是指行为人本身不具有国家机关工作人员身份，而通过虚构身份、伪装、包装等手段，以国家机关工作人员的名义开展对外活动；或者行为人本身是国家机关工作人员，但冒充其他国家机关工作人员的身份或者职位开展活动。

盗用或冒用他人身份，是指未经他人同意或授权，采用隐瞒、欺骗等手段使用他人的个人信息、证件、身份证明或者其他身份特征进行活动，获取不当利益的行为。该行为通常是为了掩饰身份，欺骗他人或者逃避法律和社会责任。其他虚假身份，是指行为人除了冒充国家机关工作人员、冒充某个特定的人以外的虚假身份，如编造学历证明，冒充历史名人、革命将领后代、领导亲属等捞取社会资源，骗取钱财、玩弄异性等。

招摇撞骗的目的、动机是多样的，违法行为人通过冒充、冒用、盗用他人身份的欺骗行为，既可以是为了骗取财物，也可能是为了获取某种社会资源、名誉等不正当利益，直接或者间接给个人和单位造成了财产损失。在社会生活中，招摇撞骗行为的受害人还可能因遭受欺骗而受到严重的心理创伤或者对国家、社会和他人失去信任。招摇撞骗行为严重破坏了社会秩序和社会诚信，依法应予以治安管理处罚。

【辨差异】1. 招摇撞骗行为与诈骗行为的区别

招摇撞骗行为与诈骗行为都是为了获得某种不正当或者非法利益，虚构事实的欺骗行为，但两者存在一定区别：（1）实施违法的动机、目的不同。前者为了追求非法利益，包括但不限于财物和金钱，可以是社会利益、地位和影响力；后者是以非法占有为目的，骗取少量公私财物。（2）欺骗的方式不同。前者采取冒用、盗用他人身份，冒充国家机关工作人员，或者以夸大、虚张或不实的方式，进行自我宣传和身份包装，给人以"相信其身份"的错误认识，行为多为公开；后者是以虚构事实或隐瞒事实真相的方式，使他人相信不存在的事实，从而自愿给钱给物，行为较为隐秘。（3）违法行为侵犯的客体不同。前者侵犯的是国家的权威、社会诚信、他人信誉和社会管理秩序；后者侵犯的是公私财物所有权。

2. 招摇撞骗行为与招摇撞骗罪的区别

招摇撞骗行为，是指行为人冒充国家机关工作人员或其他身份，进行炫耀、欺骗，以获取非法利益的行为。招摇撞骗罪，是指为谋取非法利益，假冒国家机关工作人员的身份或职称，进行诈骗，损害国家机关的威信及其正常活动的行为。两者都是以骗取非法利益为目的，冒充他人身份进行非法活动。"非法利益"不仅是金钱、财物，还有工作、职务、地位、荣誉等。两者的区别主要体现在违法情节和危害后果上。在违法情节上，招摇撞骗罪冒充的对象仅限于国家工作人员，冒充其他企事业单位人员的身份不构成犯罪；而招摇撞骗行为冒充的对象是除自己以外的各种身份。在危害后果方面，招摇撞骗罪的社会危害较大，如多次招摇撞骗的，造成被害人精神失常、自杀等严重后果的，严重损害国家机关形象和权威的，招摇撞骗所得非法利益巨大等。招摇撞骗行为的社会危害性较小。

【举实例】冒充大学生招摇撞骗被处罚

李某为了应聘某工厂保安一职，谎称自己是某公安院校毕业生。李某不仅顺利入职，其他保安员对他更是另眼相看，认为李某迟早会当上保安队长，经常请他吃饭。期间，李某以"大学生"的身份同时与多名工厂女工谈恋爱，后因违反工厂规章制度被辞退。本案中，李某冒充大学生获得工厂的认可和同事的信任，获取女工的信任好感，构成招摇撞骗行为，被公安机关给予行政拘留5日的处罚。

【长知识】冒充军警人员招摇撞骗要从重处罚

军警人员包括军人和警察。军人，是指中国人民解放军和武警部队的现役军（警）官、文职人员、士兵，以及具有军籍的学员和执行军事任务的预备役人员等。警察，是指公安机关、国家安全机关、监狱等的人民警察以及人民法院、人民检察院的司法警察。冒充军警人员招摇撞骗属于从重处罚情节。因为军人和警察代表着国家形象和法律权威，他们的身份具有特殊的公信力和权威性。冒充军人和警察的身份对外进行非法活动，不仅是对公众信任的滥用，也是对国家形象的损害，严重破坏了社会的正常秩序，影响了社会治安稳定，依法应从重处罚。

第六十三条　有下列行为之一的，处十日以上十五日以下拘留，可以并处五千元以下罚款；情节较轻的，处五日以上十日以下拘留，可以并处三千元以下罚款：

（一）伪造、变造或者买卖国家机关、人民团体、企业、事业单位或者其他组织的公文、证件、证明文件、印章的；

（二）出租、出借国家机关、人民团体、企业、事业单位或者其他组织的公文、证件、证明文件、印章供他人非法使用的；

（三）买卖或者使用伪造、变造的国家机关、人民团体、企业、事业单位或者其他组织的公文、证件、证明文件、印章的；

（四）伪造、变造或者倒卖车票、船票、航空客票、文艺演出票、体育比赛入场券或者其他有价票证、凭证的；

（五）伪造、变造船舶户牌，买卖或者使用伪造、变造的船舶户牌，或者涂改船舶发动机号码的。

【解疑惑】什么是伪造、变造?

伪造,是指无权制作而根据公文、证件、证明文件、印章、船舶户牌的式样、内容和标准进行非法制作的行为。变造,是指采用涂改、拼接、裁剪、擦拭、添加、粘贴、加工等方式对公文、证件、证明文件、印章、船舶户牌进行改造,变更其原来真实内容的行为。

【辨差异】倒卖有价票证、凭证行为与倒卖车票、船票罪的区别

两者侵犯的客体相同且行为方式一致。两者的区别主要体现为违法情节和危害后果不同,即以倒卖车船票和有价票证、凭证的金额、非法获利的数额大小和情节是否严重为标准。根据相关司法解释,① 倒卖车票、船票凭证,票额累计 5000 元以上,非法获利累计 2000 元以上,情节严重的,应予立案追诉。例如,倒卖车票情节严重的情形主要是指铁路职工倒卖车票或者与他人勾结倒卖车票,组织倒卖车票的首要分子,倒卖车票受过治安管理处罚两次以上,两年内又倒卖车票的。

【举实例】伪造单位证件被处罚

李某为了出入某机关大院和停车方便,根据该单位的《车辆通行证》式样,到打印店自行制作了一个通行证,被保卫处工作人员发现后移交派出所处理。车辆通行证虽然不是单位的正式文件,但却是出入单位的重要证件,李某的行为扰乱了社会秩序和单位正常的管理秩序,构成了伪造单位证件行为,被公安机关给予行政拘留 7 日的处罚。

---

① 参见最高人民检察院、公安部《关于公安机关管辖刑事案件立案追诉标准的规定(一)》第 30 条(2008 年 6 月 25 日)。

第六十四条　船舶擅自进入、停靠国家禁止、限制进入的水域或者岛屿的，对船舶负责人及有关责任人员处一千元以上二千元以下罚款；情节严重的，处五日以下拘留，可以并处二千元以下罚款。

【解疑惑】禁止、限制进入的水域或岛屿有哪些?

国家禁止、限制进入的水域或者岛屿，是指因国家安全、军事安全、公共安全、海洋安全、环境保护或者科学研究的需要，未向公众开放，由国家实施特殊管制的内水、港口、水库、岛屿，如海上军事重地、军事隔离区、海洋科研基地等。

【辨差异】禁止进入与限制进入的区别

为了维护我国沿海地区及海上治安秩序，加强内水、沿海公共安全和治安秩序管理，根据2000年公安部颁布的《沿海船舶边防治安管理规定》，各类船舶进出港口时，应向渔港监督管理机关、海事行政主管部门、公安边防管理部门办理进出港手续和边防签证手续。出海船舶和人员不得擅自进入国家禁止或者限制进入的海域或者岛屿，不得擅自搭靠外国籍或者香港、澳门特别行政区以及台湾地区的船舶。禁止进入，是指未经批准，一律不得进入或停靠这些水域或岛屿，包括军事目标、军事重地、军事隔离区，以及未开放的水域、港口、水库等。限制进入，是指在特定时期或者特定条件下，符合条件的可以进入，如对船舶吨位、船舶类型、船舶载货进行限制，或者禁渔期限制等。需要指出的是，本条规定的违法行为的主体是特定主体，即船舶负责人以及对船舶管理负有责任的人，一般的乘坐人员不构成该违法行为的主体。

【举实例】擅自进入国家管制的水域被处罚

黄某约了11名"垂钓发烧友"擅自坐船到港珠澳大桥的桥墩上面钓鱼。经查，运送垂钓人员的船只为黄某所有。港珠澳大桥水域是海事部门重点监管区，黄某的行为构成擅自进入、停靠国家管制水域的行为，被公安机关处以行政拘留5日并处罚款500元的处罚，追缴违法所得500元，其他11名登墩垂钓人员被批评教育。

【长知识】需由国家实施管制的水域、岛屿

国家禁止、限制进入的水域或者岛屿由国家机关根据相关法律法规设定。在内水、内河，因水利设施、桥梁、水上公共设施等安全管理需要，水上交通、航运、水利、渔政管理等部门可以根据国家法律、法规设置特定水域限制或禁止船舶进入、通行或停靠。在海岸、海域，因国防安全、海洋资源保护以及边境秩序管理需要，军事管理机关、海事管理部门可以禁止船舶进入特定的岛屿和海域。

第六十五条 有下列行为之一的，处十日以上十五日以下拘留，可以并处五千元以下罚款；情节较轻的，处五日以上十日以下拘留或者一千元以上三千元以下罚款：

（一）违反国家规定，未经注册登记，以社会团体、基金会、社会服务机构等社会组织名义进行活动，被取缔后，仍进行活动的；

（二）被依法撤销登记或者吊销登记证书的社会团体、基金会、社会服务机构等社会组织，仍以原社会组织名义进行活动的；

（三）未经许可，擅自经营按照国家规定需要由公安机关许可的行业的。

有前款第三项行为的，予以取缔。被取缔一年以内又实施的，处十日以上十五日以下拘留，并处三千元以上五千元以下罚款。

取得公安机关许可的经营者，违反国家有关管理规定，情节严重的，公安机关可以吊销许可证件。

【解疑惑】社会组织进行非法活动违反治安管理吗?

根据《社会团体登记管理条例》等法律法规的规定,国务院民政部门和县级以上地方各级人民政府民政部门是社会组织的登记管理机关。未经注册登记,以社会团体基金会、社会服务机构等社会组织名义进行活动的,由民政部门进行监管,可以责令社会组织停止活动,并依法予以取缔。已经登记注册的社会组织,如果违背社会组织的宗旨,违反国家法律、法规或超越了行政许可的事项范围进行非法活动的,应当按照相关法律、法规给予行政处罚,依法予以罚款、限期整改、取缔,并依法撤销登记或者吊销登记证书。

可见,社会组织进行非法活动并不构成违反治安管理行为,只有未经注册登记的社会组织被取缔后仍然进行活动,或者被依法撤销登记或者吊销登记证书的社会组织仍以原社会组织名义进行活动的,才构成本法规定的违反治安管理行为。

【举实例】非法以社会组织名义进行活动被处罚

李某发起成立"佳蕾公益协会",设立了专门的办公场所,并张贴"忠诚佳蕾公益事业"等醒目标语,但没有到民政部门进行登记。该协会实行会员管理制,通过建立QQ群、微信群的方式发展会员。李某对外宣称协会有民政部门备案,并自任"会长"。李某还在一些区县设立"分会",并任命"分会长",设定了从"普通会员"到"理事"的入会收费标准。协会经常以"佳蕾公益协会"的名义邀请各界人士开展助学、助残等活动。"佳蕾公益协会"未经登记,擅自以社会组织名义开展活动,被民政部门依法予以取缔。在取缔后不久,李某没有去民政部门申请登记,继续以"佳蕾公益协会"的名义收取会员费,开展一些助学、助残活动,被公安机关给予行政拘留10日的处罚。

【长知识】1. 非法以社会组织名义进行活动有哪些情形？

为了加强对社会组织的管理，维护社会秩序，保障公民、法人和社会组织的合法权利，国家颁布了《中华人民共和国慈善法》《中华人民共和国境外非政府组织境内活动管理法》《社会团体登记管理条例》《基金会管理条例》等一系列法律法规，加强了对境内外社会团体的管理。《治安管理处罚法》规定的非法以社会团体名义进行活动的违反治安管理行为主要包括两种情形：一是社会组织未经注册登记，被取缔后仍以社会组织的名义进行活动；二是社会组织因违法活动被撤销或吊销后，仍然以原社会组织名义进行活动。未经注册登记的社会组织没有被取缔前从事的活动，或者已经注册登记的社会组织进行非法活动，或者超越登记范围进行活动不属于本法调整的范围。

2. 需由公安机关许可的行业

本条第1款第3项，是对擅自经营需由公安机关许可的行业的处罚。根据《中华人民共和国行政许可法》以及相关治安管理法律法规的规定，一些涉及公共安全和社会公共利益的行业应由公安机关实施许可，将其作为特种行业进行监督管理。没有经过公安机关许可，擅自经营的，公安机关可以依法取缔。已经取得公安机关许可的经营者，违反国家有关管理规定，情节严重的，公安机关可以吊销其许可证件。根据国家相关法律法规的规定，当前需要由公安机关治安管理部门许可的行业主要有旅馆业、保安服务业等。需要说明的是，由于地级市以上人民代表大会及其常委会可以根据本地的实际情况制定地方性法规规定哪些行业需要公安机关实施许可，因此，不同地方需由公安机关许可的行业范围可能存在一定差异。

第六十六条　煽动、策划非法集会、游行、示威，不听劝阻的，处十日以上十五日以下拘留。

【解疑惑】什么是集会、游行、示威?

根据《中华人民共和国集会游行示威法》(以下简称《集会游行示威法》)的规定，集会，是指聚集于露天公共场所，发表意见、表达意愿的活动；游行，是指在公共道路、露天公共场所列队行进、表达共同意愿的活动；示威，是指在露天公共场所或者公共道路上以集会、游行、静坐等方式，表达要求、抗议或者支持、声援等共同意愿的活动。国家举行或者根据国家决定举行的庆祝、纪念等游行活动，国家机关、政党、社会团体、企业事业组织依照法律、组织章程举行的集会不属于法律规定的集会、游行、示威活动。

【辨差异】煽动、策划非法集会、游行、示威行为与非法集会、游行示威罪的区别

根据《刑法》的规定，举行集会、游行、示威，未依照法律规定申请或者申请未获许可，或者未按照主管机关许可的起止时间、地点、路线进行，又拒不服从解散命令，严重破坏社会秩序的，对集会、游行、示威的负责人和直接责任人员，处5年以下有期徒刑、拘役、管制或者剥夺政治权利。可见，煽动、策划非法集会、游行、示威的违反治安管理行为与非法集会、游行示威罪的主要区别体现在两个方面：一是情节不同。违反治安管理行为是不听停止非法活动的劝阻；而构成犯罪是不听从人民警察对现场非法集会、游行示威的解散命令。二是危害程度不一样。构成犯罪必须是严重破坏社会秩序，如出现打砸抢行为、造成公私财产的重大损失和人员伤亡、造成公共秩序严重混乱等情形。

【长知识】煽动、策划非法集会、游行、示威行为认定

根据《集会游行示威法》的规定，以下几种情形属于非法集会、游行、示威：一是举行集会、游行、示威，未向主管机关提出申请或者提出申请未获得许可的；二是在集会、游行、示威中，未按照主管机关许可的目的、方式、标语、口号、起止时间、地点、路线进行的；三是在进行中出现危害公共安全或者严重破坏社会秩序情况，不听从人民警察的制止的。可见，构成本条规定的煽动、策划非法集会、游行、示威行为应满足以下几个条件：（1）违法行为的主体是活动的组织者、策划者。一般参与者不能成为煽动、策划非法集会、游行、示威的主体。（2）主观方面属于故意，即公安机关在对煽动、策划非法集会、游行、示威活动的人提出责令停止活动的劝诫和警告后，行为人不予理会，仍然继续进行非法集会、游行、示威活动。（3）侵犯的客体是国家对集会、游行、示威的管理制度和公共秩序。（4）客观方面实施了煽动、策划非法集会、游行、示威活动。

第六十七条　从事旅馆业经营活动不按规定登记住宿人员姓名、有效身份证件种类和号码等信息的，或者为身份不明、拒绝登记身份信息的人提供住宿服务的，对其直接负责的主管人员和其他直接责任人员处五百元以上一千元以下罚款；情节较轻的，处警告或者五百元以下罚款。

实施前款行为，妨害反恐怖主义工作进行，违反《中华人民共和国反恐怖主义法》规定的，依照其规定处罚。

从事旅馆业经营活动有下列行为之一的，对其直接负责的主管人员和其他直接责任人员处一千元以上三千元以下罚款；情节严重的，处五日以下拘留，可以并处三千元以上五千元以下罚款：

（一）明知住宿人员违反规定将危险物质带入住宿区域，不予制止的；

（二）明知住宿人员是犯罪嫌疑人员或者被公安机关通缉的人员，不向公安机关报告的；

（三）明知住宿人员利用旅馆实施犯罪活动，不向公安机关报告的。

【解疑惑】如何认定旅馆工作人员"明知"？

本条第3款所列举的三种违法情形都要求旅馆工作人员主观上是"明知"。"明知"作为一种主观认识，在执法中认定比较困难。由于生活、工作经历以及知识面的不同，旅馆工作人员对易燃、易爆、剧毒、腐蚀性和放射性等危险物品存在认知的局限，如对住宿人员携带的毒品和放射性物品等危险物质要做到"明知"就比较困难。因此，"明知"的认定应以未超过其依据日常生活经验所能获得的认知程度为限度。对于是否为犯罪嫌疑人，作为一般的旅馆工作人员难以做到"明知"，如果有公安机关的协查通报、通缉令等，且旅馆保卫部门作了传达，旅馆工作人员也注意到了住宿人员与公安机关的通报、通缉相似，出于某种目的而不报告，则符合"明知"的情形。

【辨差异】不按规定登记住宿人员信息行为与《反恐怖主义法》中的"未按规定对客户信息进行查验"的区别

不按规定登记住宿旅客信息行为，是指旅馆业经营者或者负责查验登记旅客身份信息的工作人员违反《旅馆业治安管理办法》，接待旅客住宿，不登记住宿人员姓名、有效身份证件种类和号码等信息，或者为身份不明、拒绝登记身份信息的人提供住宿服务的行为。《旅馆业治安管理办法》第6条规定，"旅馆接待旅客住宿必须登记。登记时，应当查验旅客的身份证件，按规定的项目如实登记。"未登记信息的住宿旅客与恐怖主义活动或者恐怖活动嫌疑人员无关。

未按规定对客户信息进行查验行为，是指违反《中华人民共和国反恐怖主义法》（以下简称《反恐怖主义法》）的规定，住宿业务的经营者、服务提供者未按规定对客户身份进行查验，或者对身份不明、拒绝身份查验的客户提供服务的行为。未按规定对客户身份进行查验的违法行为必须符合两个条件：一是不查验身份信息、提供住宿服务行为曾被主管部门责令改正，而直接负责的主管人员和直接负责人员拒不改正。二是未查验身份的住宿旅客有较大的从事恐怖主义活动的嫌疑，对社会公共安全构成威胁，或者有涉及恐怖活动的相关人员的情形。

【举实例】不按规定登记住宿人员信息被处罚

某公安局反恐大队联合派出所在辖区内对某旅馆进行检查时发现，前台工作人员未对入住旅客吕某某进行身份查验、未实名登记就为其办理了入住手续。吕某某承认了这一事实，认为可能因为自己是本地人，而且跟前台工作人员比较熟悉，就没有履行登记手续。前台工作人员构成"不按规定登记住宿人员信息"的违反治安管理行为，被公安机关处罚款1000元。

【长知识】违反旅馆业管理规定行为应受治安管理处罚

本条规定了旅馆工作人员不按规定登记住宿人员信息、不制止住宿人员带入危险物质、明知住宿人员是犯罪嫌疑人、明知住宿人员利用旅馆实施犯罪活动不报告等四种违反旅馆业治安管理规定的行为及其处罚。

旅馆业，是指经营接待旅客住宿的旅馆、饭店、宾馆、招待所、客货栈、车马店、浴池等的统称。根据公安部《旅馆业治安管理办法》的规定，旅馆接待旅客住宿必须登记。登记时，应当查验旅客的身份证件，并按规定的项目如实登记。旅馆工作人员发现违法犯罪分子、形迹可疑的人员、被公安机关通缉的罪犯，应当立即向当地公安机关报告，不得知情不报或隐瞒包庇。为了保障旅馆安全，严禁旅客将易燃、易爆、剧毒、腐蚀性和放射性等危险物品带入旅馆，严禁卖淫、嫖宿、赌博、吸毒、传播淫秽物品等违法犯罪活动。如果明知住宿人员是犯罪嫌疑人或者被公安机关通缉的人员，明知住宿人员在旅馆内实施犯罪而不向公安机关报告，将依法追究直接责任人员和主管人员的法律责任。

第六十八条 房屋出租人将房屋出租给身份不明、拒绝登记身份信息的人的，或者不按规定登记承租人姓名、有效身份证件种类和号码等信息的，处五百元以上一千元以下罚款；情节较轻的，处警告或者五百元以下罚款。

房屋出租人明知承租人利用出租房屋实施犯罪活动，不向公安机关报告的，处一千元以上三千元以下罚款；情节严重的，处五日以下拘留，可以并处三千元以上五千元以下罚款。

【解疑惑】房屋出租人有哪些治安责任?

为了维护社会治安秩序，保障公民、法人和社会组织的合法权益，公安机关对租赁房屋实行治安管理，实行出租屋登记、安全检查等管理制度。根据公安部《租赁房屋治安管理规定》第7条的规定，房屋出租人应履行的治安责任主要有：不准将房屋出租给无合法有效证件的承租人；与承租人签订租赁合同，承租人是外来暂住人员的，应当带领其到公安派出所申报暂住户口登记，并办理暂住证；对承租人的姓名、性别、年龄、常住户口所在地、职业或者主要经济来源、服务处所等基本情况进行登记并向公安派出所备案；发现承租人有违法犯罪活动或者有违法犯罪嫌疑的，应当及时报告公安机关。另外，承租人必须履行持有本人居民身份证或者其他合法身份证件签订房屋合同的治安责任；等等。

【举实例】不按规定登记承租人信息被处罚

派出所民警在一次治安集中清查行动中，发现郊区一座民房内住有外来务工人员4人，分别来自不同省份。房东汤某每月向每人收取房租400元，但没有与外来务工人员签订租赁合同，未按照规定向派出所申报相关房屋出租信息，也未登记外来务工人员的身份证等相关身份信息。唐某的行为构成"不按规定登记承租人信息"行为，被派出所处罚款500元。

【长知识】单位出租房屋违反本法规定要受治安管理处罚

本条规定所指的出租人，可以是个人，也可以是单位。无论是个人还是单位，进行房屋出租，均应向房屋所在地公安派出所申请登记并向其签订治安责任保证书。除了按照规定登记承租人身份信息外，还应对出租的房屋经常进行安全检查，及时发现和排除安全隐患，保障承租人的居住安全。房屋出租单位或者个人委托代理人管理出租房屋的，代理人也必须遵守有关规定，承担相应责任。根据相关规定，单位违反《租赁房屋治安管理规定》的，可对单位的主管负责人或者直接责任人给予治安管理处罚。

第六十九条 娱乐场所和公章刻制、机动车修理、报废机动车回收行业经营者违反法律法规关于要求登记信息的规定，不登记信息的，处警告；拒不改正或者造成后果的，对其直接负责的主管人员和其他直接责任人员处五日以下拘留或者三千元以下罚款。

【解疑惑】为什么公共场所和行业经营者要如实登记信息?

娱乐场所、公章刻制企业、旧货业、机动车修理行业是公安机关实施备案或者许可管理的治安复杂场所或行业。这些行业场所的经营或从业人员成分复杂，业务经营范围容易滋生违法犯罪。为有效预防违法犯罪，保护公民、法人和其他组织的合法权利，根据治安管理法律法规，要求行业场所经营单位或企业在经营过程中，必须如实登记相关信息。例如，根据《娱乐场所治安管理办法》的规定，娱乐场所对从业人员应当实行实名登记制度，建立从业人员名簿，统一建档管理。根据《印章治安管理办法》的规定，承接刻制印章应查验公安机关出具的备案或准刻证明，登记委托刻制印章的名称、法定代表人或者负责人信息、经办人的姓名和身份证号码，按照规定逐项登记印章名称、式样、规格数量，并保存5年，以备查验。根据《废旧金属收购业治安管理办法》的规定，收购生产性废旧金属时，应当查验出售单位开具的证明，对出售单位的名称、经办人的姓名、住址、身份证号码以及物品的名称、数量、规格、新旧程度等如实进行登记。

【举实例】娱乐场所不按规定登记从业人员信息被处罚

某县公安局治安大队在治安清查行动中，民警在对某娱乐城进行治安检查时，发现李某在该娱乐城的KTV从事管理工作，李某系赌博、吸毒前科人员。民警在对娱乐城的管理和从业人员名册进行核查时，没有发现李某的登记信息。该娱乐城也没有向公安机关报备从业人员名册，并按照要求录入娱乐场所治安管理信息系统。在核查确认后，公安机关依法对KTV负责人予以警告处罚，并责令限期整改。

第七十条　非法安装、使用、提供窃听、窃照专用器材的，处五日以下拘留或者一千元以上三千元以下罚款；情节较重的，处五日以上十日以下拘留，并处三千元以上五千元以下罚款。

【解疑惑】国家为何要对窃听、窃照专用器材实行严格的监管？

非法使用、提供窃听、窃照专用器材，不但侵犯他人隐私，扰乱社会秩序，还破坏了国家对窃听、窃照专用器材的管理制度。在现实生活中，有些人出于政治、经济或其他目的，非法使用或者为他人提供窃听、窃照专用器材，窃取工作、商业秘密和公民隐私，扰乱了正常的社会秩序，侵犯了公民、法人或其他组织的合法权利，依法应当追究治安责任。对破坏国家机关正常工作秩序，造成危害国家安全和人民利益等严重后果的，还应依法追究刑事责任。

【辨差异】非法安装、使用、提供窃听、窃照专用器材行为与非法使用窃听、窃照专用器材罪的区别

在客观方面，二者都有安装、使用窃听、窃照专用器材行为，侵犯的客体均为国家对窃听、窃照专用器材的管理制度。两者的主要区别在于行为造成的危害程度：非法使用窃听、窃照专用器材罪客观上要求行为人有使用窃听、窃照专用器材秘密监听、偷录他人言谈、动静，使用照相器材、设备，对窃照对象的形象或活动进行秘密摄录的行为，且造成了危害国家安全、泄露国家秘密、侵犯他人隐私等严重后果；而非法安装、使用、提供窃听、窃照专用器材的违反治安管理行为，不要求造成实质性的危害后果。

【举实例】非法使用窃听专用器材被处罚

李某怀疑女朋友对其不忠，于是在网上购买了窃听器，安装在女友的出租屋内，被女友发现后报警。经鉴定，李某购买的窃听器属于窃听专用器材，其行为构成非法使用窃听专用器材行为，被公安机关处罚款1000元。

【长知识】窃听、窃照专用器材与窃听、窃照专用间谍器材的区别

窃听、窃照专用器材，是指以伪装或隐蔽的方式非法获取他人语音或图像信息的设备。窃听、窃照专用器材包括：

（1）具有无线发射、接收语音信号功能的发射、接收器材；（2）具有无线发射功能的照相、摄像器材；（3）微型针孔式摄像装置以及使用微型针孔式摄像装置的照相、摄像器材；（4）利用固体传声、光纤、微波、激光、红外线等技术获取语音信息的器材；（5）可遥控语音接收器件或电子设备中具有语音接收功能的器材等。窃听、窃照专用器材经公安机关依法进行技术检测后作出认定性结论。

窃听、窃照专用间谍器材，是指用于进行间谍活动特殊需要的各种工具、器械和材料。专用间谍器材包括：（1）暗藏式窃听、窃照器材；（2）突发式收发报机、一次性密码本、密写工具；（3）用于获取情报的电子监听、截收器材；（4）其他专用间谍器材。专用间谍器材由国务院国家安全主管部门依照国家有关规定确认。

第七十一条　有下列行为之一的，处一千元以上三千元以下罚款；情节严重的，处五日以上十日以下拘留，并处一千元以上三千元以下罚款：

（一）典当业工作人员承接典当的物品，不查验有关证明、不履行登记手续的，或者违反国家规定对明知是违法犯罪嫌疑人、赃物而不向公安机关报告的；

（二）违反国家规定，收购铁路、油田、供电、电信、矿山、水利、测量和城市公用设施等废旧专用器材的；

（三）收购公安机关通报寻查的赃物或者有赃物嫌疑的物品的；

（四）收购国家禁止收购的其他物品的。

【解疑惑】哪些属于国家禁止收购的其他物品？

收购国家禁止收购的物品主要是针对废旧金属收购企业和从事废旧物品回收的个体工商户的经营活动监管而言的。《废旧金属收购业治安管理办法》第8条规定，收购废旧金属的企业和个体工商户不得收购下列金属物品：（1）枪支、弹药和爆炸物品；（2）剧毒、放射性物品及其容器；（3）铁路、油田、供电、电信通讯、矿山、水利、测量和城市公用设施等专用器材；（4）公安机关通报寻查的赃物或者有赃物嫌疑的物品。

【辨差异】收当与收购的区别

收当，是典当行收取当物的行为，通常是指将贵重物品或有价证券作为抵押物，以获取贷款或其他形式的金融服务。在这种情况下，贵重物品或有价证券被作为抵押物收存，并不是直接买卖或交易。收购，通常是通过支付现金、股票或其他资产来实现某种利益的交易行为，这里的收购是指废旧金属收购企业和个体工商户回收废旧金属制品的牟利行为。可见，收当是典当行作为抵押物收存，而收购则是指买卖或获取财产或股份的行为。

【举实例】收购有赃物嫌疑的物品被处罚

嫌疑人董某盗窃了一辆电动二轮摩托车后，看见附近有个废品回收点，于是将尚未开锁的电动车直接挪到该废品回收点。该店老板石某见董某慌慌张张来卖"废品"且要价不高，也没有多问，心照不宣地付了200元。交易完成后，石某将这辆没有达到报废程度的车辆拆解成若干部分，并将电瓶和拆散的金属部分零散售出，共卖得300元。石某构成收购有赃物嫌疑的物品的行为，被公安机关处以罚款2000元。

【长知识】查验登记是典当业、废旧金属收购业的义务

本条是对典当行违法承接典当物品，典当业工作人员发现违法犯罪嫌疑人、赃物不报告，以及废旧金属收购企业和个体工商户违法收购废旧专用器材，收购赃物、有赃物嫌疑的物品，收购国家禁止收购的其他物品等违反治安管理行为的处罚规定。查验登记是典当业、废旧金属收购业等行业的职责和义务。根据《典当业治安管理办法》规定，典当行承接典当物品，应当查验典当单位和个人出具的有关证明，当票应当载明下列事项：（1）典当行机构名称及住所；（2）当户姓名（名称）、住所（址）、有效证件（照）及号码；（3）当物名称、数量、质量、状况……典当行不得收当赃物和来源不明的物品。出当时，当户应当如实向典当行提供当物的来源及相关证明材料。根据《废旧金属收购业治安管理办法》规定，铁路、油田、供电、电信通讯、矿山、水利、测量和城市公用设施等废旧专用器材属于生产性废旧金属，应当严格遵守国家的规定进行收购。收购废旧金属的企业在收购生产性废旧金属时，应当查验出售单位开具的证明，对出售单位的名称、经办人的姓名、住址、身份证号码以及物品的名称、数量、规格、新旧程度等如实进行登记。发现有出售公安机关通报寻查的赃物或者有赃物嫌疑的物品时，应当立即报告公安机关。

第七十二条 有下列行为之一的，处五日以上十日以下拘留，可以并处一千元以下罚款；情节较轻的，处警告或者一千元以下罚款：

（一）隐藏、转移、变卖、擅自使用或者损毁行政执法机关依法扣押、查封、冻结、扣留、先行登记保存的财物的；

（二）伪造、隐匿、毁灭证据或者提供虚假证言、谎报案情，影响行政执法机关依法办案的；

（三）明知是赃物而窝藏、转移或者代为销售的；

（四）被依法执行管制、剥夺政治权利或者在缓刑、暂予监外执行中的罪犯或者被依法采取刑事强制措施的人，有违反法律、行政法规或者国务院有关部门的监督管理规定的行为的。

【解疑惑】什么是行政执法机关？公安机关在侦查犯罪中依法查封、扣押、冻结的涉案财物属于本法调整的范围吗？

行政执法机关是依法享有执法权的行政机关，是指依照法律、法规或者规章的规定，对破坏社会主义市场经济秩序、妨害社会管理秩序以及其他违法行为具有行政处罚权的行政机关，以及法律、法规授权的具有管理公共事务职能、在法定授权范围内实施行政处罚的组织。行政执法机关可以对行政违法行为进行立案调查处理，依法对涉案财物采取扣押、查封、冻结、扣留、先行登记保存等行政强制。公安机关作为治安行政执法机关还可以依法对违法行为人采取继续盘问、约束等限制人身自由的强制措施。

公安机关是治安行政机关，依法享有治安行政执法权，同时又具有刑事司法职能，享有刑事侦查权，公安机关在侦查犯罪过程中通过刑事强制措施，依法扣押、查封、冻结的财物，不在本法调整的范围之内。因此，本条的违法行为仅限于隐藏、转移、变卖、擅自使用或者损毁公安机关在办理行政违法案件中依法扣押、查封、冻结、扣留、先行登记保存的财物。

【辨差异】本条规定的违反治安管理行为与相关犯罪的区别

本条规定的隐藏、转移、变卖、擅自使用或者损毁依法扣押、查封、冻结、扣留、先行登记保存的财物，伪造、隐匿、毁灭证据或者提供虚假证言、谎报案情，窝藏、转移、代为销售赃物等违反治安管理行为与《刑法》规定的非法处置查封、扣押、冻结的财产罪，伪证罪，妨害作证罪，窝藏、包庇罪等犯罪行为在行为方式上有许多相似之处，但在违法情节、危害后果方面存在不同之处。前者主要是干扰、妨害行政执法活动；后者是妨害正常的司法活动，包括公安机关侦查犯罪行为。窝藏、转移、代为销售赃物行为虽然可能涉及刑事案件的相关财物，但数额相对较小，未造成严重后果和不良社会影响。

【举实例】代为销售赃物被处罚

张某某在某车行发现自己几天前被盗的电动车后报警。处警民警到场后根据报警人提供的购车发票，认真核实后确认该电动车确实为报警人丢失的电动车，于是将店主李某传唤到派出所作进一步调查。李某承认知道该电动车是人偷盗所得，因一时贪图便宜，便想通过低价回收，然后再高价出卖给他人。李某构成代为销售赃物行为，被公安机关给予行政拘留5日的处罚。

第七十三条　有下列行为之一的，处警告或者一千元以下罚款；情节较重的，处五日以上十日以下拘留，可以并处一千元以下罚款：

（一）违反人民法院刑事判决中的禁止令或者职业禁止决定的；

（二）拒不执行公安机关依照《中华人民共和国反家庭暴力法》、《中华人民共和国妇女权益保障法》出具的禁止家庭暴力告诫书、禁止性骚扰告诫书的；

（三）违反监察机关在监察工作中、司法机关在刑事诉讼中依法采取的禁止接触证人、鉴定人、被害人及其近亲属保护措施的。

【解疑惑】保护性行政强制、司法强制措施有哪些?

本条是对拒绝执行或违反人民法院、公安机关、监察机关、人民检察院的保护性措施决定，妨碍正常执法、司法秩序行为的处罚。保护性行政强制、司法强制措施主要有以下几种：（1）禁止令。即人民法院对被判处管制的罪犯在执行期间禁止从事特定活动，进入特定区域、场所，接触特定的人。（2）职业禁止决定。人民法院对利用职业便利实施犯罪，或者实施违背职业要求的特定义务的犯罪，禁止罪犯自刑罚执行完毕之日或者假释之日起从事相关职业。（3）告诫书。公安机关对家庭暴力情节较轻或者初犯者实施的一种行政教育措施。（4）禁止性骚扰告诫书。对妇女实施性骚扰的，由公安机关给予批评教育或者出具告诫书，并由所在单位依法给予处分。实施性骚扰行为人拒绝执行告诫书，继续实施性骚扰行为的依据本条进行处罚。（5）禁止接触措施。即监察机关、司法机关为了保障刑事诉讼活动的顺利进行，对诉讼活动中的证人、鉴定人、被害人及其近亲属采取的一项司法保护措施。人民法院、人民检察院、公安机关、监察机关依法采取保护措施，有关单位和个人应当配合，对违反规定接触证人、鉴定人、被害人及其近亲属的，可依据本条进行处罚。

【举实例】违反职业禁止决定被处罚

某教育培训机构负责人李某利用培训工作的便利，对未成年人实施猥亵行为，被判处有期徒刑3年。李某案发前长期在教育培训机构从业，在刑罚执行完毕后仍然有可能从事私人教育教学性质的培训辅导工作，因此，人民法院作出了5年内禁止其从事与教育培训相关职业的决定。李某服刑完毕后，又回到培训机构上班，被举报。李某构成违反职业禁止决定行为，被公安机关处以罚款1000元。

【长知识】监察机关调查职务犯罪属于刑事司法行为

根据《中华人民共和国监察法》（以下简称《监察法》）规定，各级监察委员会是行使国家监察职能的专责机关，负责调查职务违法和职务犯罪。监察机关办理职务违法和职务犯罪案件，应当与审判机关、检察机关、执法部门互相配合、互相制约，因此，监察机关具有刑事司法职能。监察机关依照《监察法》规定收集的物证、书证、证人证言、被调查人供述和辩解、视听资料、电子数据等证据材料，在刑事诉讼中可以作为证据使用。监察机关对职务犯罪行为依法开展的调查取证行为属于刑事司法行为。

第七十四条　依法被关押的违法行为人脱逃的，处十日以上十五日以下拘留；情节较轻的，处五日以上十日以下拘留。

【解疑惑】什么是被关押的违法行为人？

本条是对正在被执行行政拘留、司法拘留的违法行为人逃离关押场所的处罚规定。根据《拘留所条例》规定，在拘留所执行的对象包括：（1）被公安机关、国家安全机关依法给予拘留行政处罚的人；（2）被人民法院依法决定拘留的人。

【辨差异】1. 脱逃行为与脱逃罪的区别

我国《刑法》第316条规定，依法被关押的罪犯、被告人、犯罪嫌疑人脱逃的，处5年以下有期徒刑或者拘役。可见，二者的区别主要体现在关押对象上，脱逃行为关押的对象是行政违法行为人，既包括被公安机关、国家安全机关处以行政拘留的对象，也包括被人民法院依法决定拘留的人；而脱逃罪关押的对象是罪犯、被告人、犯罪嫌疑人。

2. 关押与羁押的区别

关押，是指将人限制在特定的场所内，使其失去自由的一种强制措施。关押是一个较为宽泛的概念，包括限制人身自由的治安行政强制措施、刑罚执行方式、行政拘留执行方式等，关押的场所包括看守所、拘留所、监狱、执法办案场所等。可见，关押的适用范围较广，实施主体多样、目的多样、场所多样。例如，公安机关为了维护社会治安秩序、保护公共安全和调查违法犯罪，需要对违法犯罪嫌疑人采取继续盘问、传唤、拘传、拘留审查等措施的，可以关押在公安机关的执法办案场所，被处行政拘留处罚的关押在拘留所。

羁押，是指在刑事诉讼中，对犯罪嫌疑人、被告人采取的限制其人身自由并关押在特定场所的措施。羁押是一个狭义的概念，特指为保障刑事诉讼活动顺利进行的刑事强制措施，相关法律对羁押期限、场所有明确的规定。

【举实例】从拘留所脱逃被处罚

李某某因打架斗殴被公安机关处以10日行政拘留以处罚。由于其对公安机关的处罚不满，且不习惯拘留所的生活，趁放风之际偷偷从拘留所逃离出来。李某某构成脱逃行为，被公安机关再次处以行政拘留7日的处罚，并与原拘留处罚决定合并执行。

第七十五条 有下列行为之一的，处警告或者五百元以下罚款；情节较重的，处五日以上十日以下拘留，并处五百元以上一千元以下罚款：

（一）刻划、涂污或者以其他方式故意损坏国家保护的文物、名胜古迹的；

（二）违反国家规定，在文物保护单位附近进行爆破、钻探、挖掘等活动，危及文物安全的。

【解疑惑】什么是文物、名胜古迹和文物保护单位？

文物是人类在社会活动中遗留下来的具有历史、艺术、科学价值的遗物和遗迹，是人类宝贵的历史文化遗产。文物认定的标准和办法由国务院文物部门制定，并报国务院批准。名胜古迹，是指具有观赏、文化或者科学价值，自然景观、人文景观比较集中，环境优美，可供人们游览或者进行科学、文化活动的区域。文物保护单位，是指具有历史、艺术、科学价值的古文化遗址、古墓葬、古建筑、石窟寺、石刻、壁画、近现代重要史迹和代表性建筑等纳入保护对象的、不可移动文物的统称。

【辨差异】故意损坏文物、名胜古迹行为与故意损毁文物罪、故意损毁名胜古迹罪的区别

三者的行为方式和侵犯的客体一样，但刻划、涂污行为侵犯的对象和危害后果有区别。在侵犯的对象上，前者损坏的对象是省级以下的文物保护单位的文物、省级以下的风景名胜区内的名胜古迹；后两者损毁的是国家保护的珍贵文物或者被确定为全国重点文物保护单位、省级文物保护单位的文物。在危害后果上，前者的损害程度较轻，可以通过修复等手段恢复原貌；后两者的刻划、涂污等行为给文物和风景名胜造成了无法修复的损害，即达到了损毁的程度，给国家造成了重大损失。

【举实例】故意损坏名胜古迹被处罚

游客张某某到某国家级5A景区旅游时，持小刀在风景区内的一棵百年桉树上刻下"张某某到此一游"字样，被景区工作人员发现。因该风景区属于国家风景名胜区，景区内的百年桉树群被列入省级重点保护名木古树名录，张某某构成故意损坏名胜古迹行为，被景区所在地公安机关处以行政拘留5日并处500元罚款的处罚。

【长知识】在文物保护单位保护区域施工需依法审批

根据《中华人民共和国文物保护法》的规定，因特殊情况需要在文物保护单位的保护范围内进行其他建设工程或者爆破、钻探、挖掘等作业的，必须保证文物保护单位的安全，并经核定公布该文物保护单位的人民政府批准，在批准前应当征得上一级人民政府文物行政部门同意；在全国重点文物保护单位的保护范围内进行其他建设工程或者爆破、钻探、挖掘等作业的，必须经省、自治区、直辖市人民政府批准，在批准前应当征得国务院文物行政部门同意。

第七十六条 有下列行为之一的，处一千元以上二千元以下罚款；情节严重的，处十日以上十五日以下拘留，可以并处二千元以下罚款：

（一）偷开他人机动车的；

（二）未取得驾驶证驾驶或者偷开他人航空器、机动船舶的。

【解疑惑】为何未取得驾驶证驾驶航空器、机动船舶的行为要受到治安管理处罚？

根据相关法律法规规定，取得航空器或机动船舶驾驶证，需要经过专门的培训和考试程序，并进行实际的飞行训练和航海操作。申领驾驶证后，还要进行注册登记才能进行驾驶操作。无证驾驶航空器和机动船舶既违反了国家关于航空器、船舶的安全管理制度，也对公共安全造成潜在危害。因此，不管行为人的动机如何，只要实施了无证驾驶行为，就应受到治安管理处罚。

【辨差异】偷开他人机动车与盗窃机动车的区别

机动车是指由动力装置驱动或牵引，能在道路上行驶的、供人乘用或用于运送物品以及进行工程专项作业的轮式车辆，包括汽车、列车、摩托车、拖拉机、轮式专用机械车、挂车等。偷开他人机动车行为既包括未取得驾驶证或者被吊销驾驶证的人偷开，又包括有驾驶证的人偷开他人机动车辆的行为，行为人往往出于好奇，危害的是道路交通安全和治安秩序。盗窃机动车的行为是以非法占有为目的，将机动车开走据为己有，侵犯的客体是他人财物的所有权。盗窃的机动车财物价值达到一定标准的，涉嫌构成盗窃罪。

【举实例】偷开他人机动车被处罚

文某在某小区地下停车场闲逛时，看到一辆白色轿车车主下车后未拔钥匙，蹲守片刻见车主离开，便偷偷将车开出车库达3个小时，直到油量告急才将车开回车库。因文某无机动车驾驶证，且近6个月内第二次偷开他人机动车被罚，符合法定从重处罚情节，被公安机关给予行政拘留15日的处罚。

第七十七条　有下列行为之一的，处五日以上十日以下拘留；情节严重的，处十日以上十五日以下拘留，可以并处二千元以下罚款：

（一）故意破坏、污损他人坟墓或者毁坏、丢弃他人尸骨、骨灰的；

（二）在公共场所停放尸体或者因停放尸体影响他人正常生活、工作秩序，不听劝阻的。

【解疑惑】为何破坏、污损坟墓，毁坏、丢弃他人尸骨、骨灰，违法停放尸体行为应受治安管理处罚？

因家庭纠纷、山林墓地纠纷等民间纠纷或者为了私人泄愤而引发的破坏、污损坟墓，丢弃他人尸骨、骨灰行为，是对死者的不敬和侮辱，容易破坏民间禁忌，引发死者亲属的不满和愤怒，造成更大的纠纷甚至引发群体性事件，严重影响社会治安秩序，破坏人民群众生活的安宁、安定。在公共场所停放尸体或者借尸体闹事的行为，往往是因为交通事故、安全生产事故、医疗纠纷或者过失致人死亡引起，当事人企图通过停放尸体这种"不理性"的方式获得更多的赔偿或者达到某种目的。这既是对死者的不敬，也是对社会治安秩序的破坏，且影响了他人正常的生活、生产和工作秩序，对不听劝阻的，依法应予以治安管理处罚。

【举实例】违法停放尸体被处罚

李某的儿子骑摩托车造成交通事故死亡。因治疗费、丧葬费等交通赔偿未达到李某的要求，李某便鼓动亲属将装有其儿子尸体的棺材抬放到造成事故的另一方当事人张某的堂屋前，要求赔偿50万元。村委会干部经多次劝说无果后报警。李某构成违法停放尸体行为，被公安机关给予行政拘留5日的处罚。

第七十八条　卖淫、嫖娼的，处十日以上十五日以下拘留，可以并处五千元以下罚款；情节较轻的，处五日以下拘留或者一千元以下罚款。

在公共场所拉客招嫖的，处五日以下拘留或者一千元以下罚款。

【解疑惑】1.什么是卖淫、嫖娼？为何要严禁卖淫、嫖娼等非法活动？

卖淫、嫖娼，是指不特定的同性之间或者异性之间以金钱、财物为媒介发生性关系的行为，包括手淫、口交、肛交等。卖淫、嫖娼容易传播性病、乙肝等传染性疾病，影响自己及他人身体健康，同时严重违反社会公德和家庭美德等善良风俗，破坏社会风气和社会主义精神文明建设，应当严厉禁止。另外，在车站、码头、港口、商业中心、餐饮酒店等公共场所及周边地区，有些卖淫人员为了吸引嫖客，通过招手示意、搭讪、纠缠、拉扯、搔首弄姿等方式主动攀附、诱惑过往行人、旅客，严重影响城市形象，干扰他人的正常生活，依法应予以治安管理处罚。

2. 卖淫、嫖娼行为在什么情形下可能构成犯罪？

卖淫行为，是为了获得金钱或其他形式的报酬，向他人提供性服务的行为。嫖娼行为，是为了获得性服务而向卖淫者支付金钱或其他利益的行为。在卖淫、嫖娼过程中有可能涉嫌强奸罪、故意传播性病罪等犯罪行为。根据我国《刑法》规定，嫖娼的对象即卖淫者必须已年满14周岁，如果嫖宿对象是不满14周岁的幼女的，则可能涉嫌强奸罪。如果明知自己患有梅毒、淋病等严重性病卖淫、嫖娼的，构成故意传播性病罪，依法应追究刑事责任。

【长知识】同性之间也可能构成卖淫、嫖娼行为，卖淫、嫖娼不一定要发生性关系

根据公安部《关于对同性之间以钱财为媒介的性行为定性处理问题的批复》和《关于以钱财为媒介尚未发生性行为或发生性行为尚未给付钱财如何定性问题的批复》的规定，卖淫、嫖娼是指不特定的异性之间或同性之间以金钱、财物为媒介发生性关系的行为。不特定的异性或者同性之间以金钱、财物为媒介发生不正当性关系的行为包括口淫、手淫、鸡奸等。可见，卖淫、嫖娼既可以发生在异性之间，也可以发生在同性之间。没有发生实质性的性关系也可能构成卖淫、嫖娼行为。

第七十九条　引诱、容留、介绍他人卖淫的，处十日以上十五日以下拘留，可以并处五千元以下罚款；情节较轻的，处五日以下拘留或者一千元以上二千元以下罚款。

【解疑惑】什么是引诱、容留、介绍他人卖淫？

引诱他人卖淫，是指利用金钱、物质利益或非物质利益作为诱饵，或采取其他手段诱导、劝说他人从事卖淫活动。容留他人卖淫，是允许他人在自己支配的场所卖淫或者为他人卖淫提供场所的行为。介绍他人卖淫，一般是指在卖淫者与嫖客之间牵线搭桥，沟通撮合，使他人卖淫活动得以实现的行为。引诱、容留、介绍他人卖淫既败坏社会风气，破坏社会管理秩序，又侵犯他人的人身权利。行为人不管出于什么动机和目的，只要有引诱、容留和介绍行为，就构成此行为，依法应予以治安管理处罚。特别是引诱、容留、介绍未成年人卖淫的行为，严重侵犯了未成年人的身心健康，影响青少年的健康成长，依法应从重处罚。

【辨差异】引诱、容留、介绍卖淫等违法行为罪与非罪的区别

根据《刑法》规定，引诱、容留、介绍他人卖淫的也可构成犯罪。根据相关司法解释，①引诱、容留、介绍他人卖淫涉嫌下列情形之一的，应予立案追诉：（1）引诱、容留、介绍2人次以上卖淫的；（2）引诱、容留、介绍已满14周岁未满18周岁的未成年人卖淫的；（3）被引诱、容留、介绍卖淫的人患有艾滋病或者患有梅毒、淋病等严重性病；（4）其他引诱、容留、介绍卖淫应予追究刑事责任的情形。可见，此类违反治安管理行为与犯罪的区别主要体现在引诱、容留、介绍卖淫的人次、对象以及对社会的危害程度上。另外，根据《刑法》第361条规定，在公安机关实施治安管理的重点行业、场所，如旅馆业、饮食服务业、文化娱乐业、出租汽车业等单位的人员，利用本单位的条件，引诱、容留、介绍他人卖淫的，不但涉嫌犯罪，还应依法从重处罚。

【举实例】多次容留卖淫是犯罪

任某在某小区临街商铺开了一家按摩店，为了吸引顾客，任某对失足妇女张某在其店内的卖淫行为睁一只眼闭一只眼，后被群众举报。县公安局治安大队接到群众举报后立即出警，当场查获了一起卖淫嫖娼行为，并对任某以容留卖淫行为处行政拘留15日的处罚。5个月后，任某再次重操旧业，在按摩店容留失足妇女屈某从事卖淫活动时，再次被公安机关当场查获。任某因多次容留他人卖淫，涉嫌容留卖淫罪被公安机关刑事拘留。

---

① 参见最高人民检察院、公安部《关于公安机关管辖的刑事案件立案追诉标准的规定（一）》第78条（2008年6月25日）。

第八十条　制作、运输、复制、出售、出租淫秽的书刊、图片、影片、音像制品等淫秽物品或者利用信息网络、电话以及其他通讯工具传播淫秽信息的，处十日以上十五日以下拘留，可以并处五千元以下罚款；情节较轻的，处五日以下拘留或者一千元以上三千元以下罚款。

前款规定的淫秽物品或者淫秽信息中涉及未成年人的，从重处罚。

【解疑惑】1. 什么是淫秽物品？如何认定？

根据《刑法》的规定，淫秽物品是指具体描绘性行为或者露骨宣扬色情的诲淫性的书刊、影片、录像带、录音带、图片及其他淫秽物品。淫秽物品容易毒害人们的思想，诱发犯罪，危害极大。为了保护广大群众特别是青少年的身心健康，维护社会治安，净化社会环境，我国对各种淫秽物品实行严格的查禁措施。但夹杂淫秽内容的有艺术价值的文艺作品，表现人体美的美术作品，有关人体的生理、医学知识和其他自然科学作品，不属于淫秽物品的范围。在行政执法中，是否属于淫秽物品需要由公安机关以及新闻出版部门进行鉴定，对淫秽物品应予以收缴并销毁。

2. 什么是传播淫秽信息行为？

根据刑法及相关司法解释，淫秽信息，是指具体描绘性行为或者露骨宣扬色情的诲淫性的视频文件、音频文件、电子刊物、图片、文章、短信息等互联网、移动通讯终端电子信息和声讯台语音信息等。

传播淫秽信息，是指利用电话、即时通讯软件、网络论坛、博客、微博、微信、电子邮件等传播文字、图片、音频、视频等淫秽信息的行为。传播必须是故意传播，即明知是信息淫秽而故意传播给他人，既包括直接传播行为，又包括明知是淫秽电子信息仍在自己拥有、管理或者使用的网络媒体上传播的行为。

【辨差异】制作、运输、复制、出售、出租淫秽物品行为与制作、复制、出版、贩卖、传播淫秽物品牟利罪的区别

本条规定的违反治安管理行为与制作、复制、出版、贩卖、传播淫秽物品牟利罪的区别主要体现在两个方面：一是动机不一样。制作、复制、出版、贩卖、传播淫秽物品牟利罪的动机和目的是牟利；而制作、运输、复制、出售、出租淫秽物品的行为动机可能是多样的，其中也可能获取少量利益，但主要不以牟利为目的。二是社会危害程度、影响范围不一样。这主要体现在制作、复制、出版、贩卖、传播的数量、涉及的人数、获利的大小方面。例如，根据相关司法解释，[①]制作、复制、出版淫秽影碟、软件、录像带50至100张（盒）以上，淫秽音碟、录音带100至200张（盒）以上；向他人传播淫秽物品达200至500人次以上，出版、贩卖、传播淫秽物品，获利5000至10000元以上的才构成犯罪。以牟利为目的，利用互联网、移动通讯终端制作、复制、出版、贩卖、传播淫秽电影、表演、动画等视频文件20个以上，淫秽音频文件100个以上，淫秽电子刊物、图片、文章、短信息等200件以上；或者制作、复制、出版、贩卖、传播的淫秽电子信息，实际被点击数达到10000次以上；以会员制方式出版、贩卖、传播淫秽电子信息，注册会员达200人以上；利用淫秽电子信息收取广告费、会员注册费或者其他费用，违法所得10000元以上或者造成严重后果的构成犯罪。通过声讯台传播淫秽语音信息，传播数达100人次以上；违法所得10000元以上或者造成严重后果的才构成

① 参见最高人民检察院、公安部《关于公安机关管辖的刑事案件立案追诉标准的规定（一）》第82条（2008年6月25日）。

犯罪。

【举实例】复制淫秽物品被处罚

李某在家频繁登录色情网站，两年时间内下载、复制相关淫秽视频1000多部用于自己观看，被警方网上巡逻时发现。李某构成复制淫秽物品行为，被公安机关处以罚款1000元。

【长知识】正确理解淫秽物品或者淫秽信息中涉及未成年人

淫秽物品或淫秽信息中涉及未成年人，是指制作、运输、复制、出售、出租的淫秽物品和传播的信息内容有宣扬、描写儿童性行为的内容。严惩针对未成年人的色情、淫秽违法犯罪行为是国际社会的普遍共识和最低标准。因为未成年人心智发育不成熟、辨别和抵御能力较弱，极易受到不良信息的侵害，造成心理扭曲。制作、传播涉及未成年人的淫秽物品往往是性侵害、性剥削未成年人的前奏、伴随或结果。同时，该行为不仅伤害具体受害者，还败坏社会风气，危害未成年人群体的整体安全和健康成长环境。对涉及未成年人淫秽物品或信息的从重处罚，能有效震慑和打击针对未成年人的性犯罪产业链。本条对内容涉及未成年人的淫秽物品、信息违反治安管理行为的从重处罚，体现了与《刑法》《未成年人保护法》的有效衔接，也是我国履行《儿童权利公约》等国际义务的具体体现。

第八十一条 有下列行为之一的，处十日以上十五日以下拘留，并处一千元以上二千元以下罚款：

（一）组织播放淫秽音像的；

（二）组织或者进行淫秽表演的；

（三）参与聚众淫乱活动的。

明知他人从事前款活动，为其提供条件的，依照前款的规定处罚。

组织未成年人从事第一款活动的，从重处罚。

【解疑惑】1. 什么是组织播放淫秽音像、淫秽表演和聚众淫乱行为？

组织播放淫秽音像，是指播放淫秽电影、录像带、录音带、光盘、存储有淫秽内容的计算机软件等音像制品，召集多人观看的行为。行为的主体是组织者和召集者，一般的参与人、观众不构成本条规定的违法行为。组织播放的动机是为了寻求刺激、宣扬性开放等，不是以营利为目的。

淫秽表演，是指为了挑动他人性欲、寻求精神刺激或者吸引眼球而进行的具有性表达、性暗示的诲淫性的行为，如跳脱衣舞、裸体表演、性交表演以及其他模仿性行为的表演。在行为主体上，组织者、参与者均可以构成此违法行为。

聚众淫乱，是指3人以上聚集在一起从事淫乱活动。淫乱行为除自然性交以外，还包括其他刺激、兴奋、满足性欲的行为，如聚众从事手淫、口交、鸡奸等行为。聚众淫乱行为人男女性别不限，既可以是男性，也可以是女性，还可以是男女混合。

2. 如何认定为淫秽活动提供条件行为？

构成为淫秽活动提供条件行为需要满足以下两个条件：一是明知提供条件的对象是从事组织播放淫秽音像、组织淫秽表演、进行淫秽表演、参与聚众淫乱等活动，如不知情则不构成此行为；二是为他人从事上述活动提供了帮助和条件，如提供场所、播放工具、淫秽器具、物品，使活动得以顺利进行。为淫秽活动提供条件严重妨害了社会公序良俗、破坏了社会主义精神文明和道德风尚，其提供条件的行为是否营利不影响对此违法行为的认定。

【辨差异】组织或进行淫秽表演行为与组织淫秽表演罪，聚众淫乱行为与聚众淫乱罪、引诱未成年人聚众淫乱罪的区别

组织或进行淫秽表演行为与组织淫秽表演罪的客观方面都有组织他人当众进行色情淫荡、挑动人们性欲的形体或动作表演的行为。但它们存在以下三个方面的区别：（1）主观动机不同。组织或进行淫秽表演行为的动机是多样的，多为精神空虚、寻求刺激或为满足低级趣味的需要。组织淫秽表演罪以营利为目的，多为招揽顾客，进行营利活动。（2）组织方式不同。组织或进行淫秽表演行为具有随机性，没有计划和组织性。组织淫秽表演罪是以策划、招募、强迫、雇佣、引诱、提供场地、提供资金等手段，组织进行淫秽表演。（3）违法情节、社会危害程度不同。组织或进行淫秽表演行为往往是自己为了追求刺激，组织或参与表演的人数少，一般在3人以下，尚未造成严重不良社会影响。组织淫秽表演罪应达到"情节严重"程度，如多次组织淫秽表演，或者次数不多，但被传播的对象人数众多，影响范围广，或者在未成年人中传播，造成严重后果的。

聚众淫乱行为与聚众淫乱罪的区别主要有两点：一是行为主体不同。聚众淫乱行为的主体是偶尔参加者，聚众淫乱罪的主体仅限于聚众淫乱的首要分子和多次参加者。所谓首要分子，即在聚众淫乱犯罪中起策划、组织、指挥、纠集作用的人；所谓多次参加者，指首要分子以外的参加聚众淫乱活动至少达3次以上。二是违法情节不一样。聚众淫乱行为一般是初次或者偶尔参加，聚众淫乱罪一般是组织多次淫乱活动。所谓多次，一般是指3次或者3次以上参加聚众淫乱的。

引诱未成年人聚众淫乱罪，是指引诱未满18周岁的未成年人参加聚众淫乱活动。引诱未成年人参与聚众淫乱严重影响青少年的身心健康，违背社会公序良俗。该行为是否构成犯罪不以"多次"为构成要件，也未明确规定被引诱的未成年人人数，只要客观上有引诱未成年人参加聚众淫乱的行为，无论是1次还是多次，是1人还是多人，均构成犯罪，依法应予以追究刑事责任。

第八十二条 以营利为目的，为赌博提供条件的，或者参与赌博赌资较大的，处五日以下拘留或者一千元以下罚款；情节严重的，处十日以上十五日以下拘留，并处一千元以上五千元以下罚款。

【解疑惑】什么是赌博、为赌博提供条件行为？

赌博，是指两人以上以营利为目的，以金钱或财物为赌注，通过一定的规则定输赢，赌资金额较大，尚未构成犯罪的行为。赌博不仅危害社会秩序，影响生产、工作和生活，也会破坏社会良好风尚，影响家庭和睦团结，更是诱发其他犯罪的温床，应当严禁。但节假日、休闲时间，家庭成员、亲属之间以娱乐为目的，以少量钱物为赌注比输赢的活动不以违法论处。

为赌博提供条件行为应同时满足以下三个条件：一是主观方面是以营利为目的，如通过提供场所抽头营利；二是为赌博提供便利条件或其他帮助，如提供赌博工具、场所、资金、交通工具和餐饮茶水服务等；三是明知他人是用于赌博或者正在赌博而提供帮助。

【辨差异】赌博行为与赌博罪的区别

区分赌博行为与赌博罪主要看两个方面：一是看赌博的方式、形式是否聚众，即是否聚集3人以上进行赌博，且抽头营利数额较大；二是组织者是否以赌博为业，即组织者是否无正当职业，以组织赌博、聚众赌博为主要收入来源。根据2005年最高人民法院、最高人民检察院《关于办理赌博刑事案件具体应用法律若干问题的解释》的规定，"聚众赌博"犯罪的情形包括：（1）组织3人以上赌博，抽头渔利数额累计达到5000元以上；（2）组织3人以上赌博，赌资数额累计达到5万元以上；（3）组织3人以上赌博，参赌人数累计达到20人以上；（4）组织中华人民共和国公民10人以上赴境外赌博，从中收取回扣、介绍费的。

【举实例】为赌博提供条件被处罚

李某经营了一个茶楼，主要供市民休闲品茶。由于生意不好，在朋友的劝说下，他设置了几个包厢，供人打牌娱乐，但经常有人利用这些包厢进行赌博。李某为了收取茶水费和包厢费，往往是睁一只眼闭一只眼。因群众举报，包厢的赌博行为被公安机关查处，李某因"为赌博提供条件"被处以罚款1000元。

第八十三条　有下列行为之一的，处十日以上十五日以下拘留，可以并处五千元以下罚款；情节较轻的，处五日以下拘留或者一千元以下罚款：

（一）非法种植罂粟不满五百株或者其他少量毒品原植物的；

（二）非法买卖、运输、携带、持有少量未经灭活的罂粟等毒品原植物种子或者幼苗的；

（三）非法运输、买卖、储存、使用少量罂粟壳的。

有前款第一项行为，在成熟前自行铲除的，不予处罚。

【解疑惑】非法买卖、运输、携带、持有毒品原植物种苗中的"少量"如何认定？

本条规定的非法种植毒品原植物，非法买卖、运输、携带、持有毒品原植物种子或者幼苗，非法运输、买卖、储存、使用罂粟壳行为，要求客观上必须是"少量"，如果数量较大，则涉嫌犯罪。如何认定少量和数量较大呢？根据相关司法解释，[①]非法买卖、运输、携带、持有未经灭活的罂粟等毒品原植物种子或者幼苗，数量较大包括以下情形：（1）罂粟种子50克以上、罂粟幼苗5000株以上；（2）大麻种子50千克以上、大麻幼苗50000株以上；（3）其他毒品原植物种子、幼苗数量较大的。可见，本条规定的"少量"是指罂粟、大麻种子50克以下，罂粟幼苗5000株以下、大麻幼苗50000株以下。

【辨差异】非法种植毒品原植物行为与非法种植毒品原植物罪的区别

二者的区别主要体现在种植数量多少和违法情节上。根据相关司法解释，[②]构成非法种植毒品原植物罪的数量要求非法种植罂粟500株以上、非法种植大麻5000株以上或者非法种植其他毒品原植物数量较大的情形。据此，非法种植罂粟500株以下的、非法种植大麻5000株以下的，则以非法种植毒品原植物行为进行治安管理处罚。违法情节主要是指对待毒品原植物的处置态度，犯罪包括经公安机关处理后又种植和抗拒铲除两种情形。非法种植罂粟或者其他毒品原植物，在收获前自动铲除的，可以免除处罚。

【举实例】非法使用罂粟壳被处罚

吴某某喜欢吃火锅，为了让火锅更加鲜美，从老家带来了一些罂粟壳，每次在工地宿舍煮食火锅时，都要拿一

---

① 参见最高人民检察院、公安部《关于公安机关管辖的刑事案件立案追诉标准的规定（三）》第8条（2012年5月16日）。

② 参见最高人民检察院、公安部《关于公安机关管辖的刑事案件立案追诉标准的规定（三）》第7条（2012年5月16日）。

点放入火锅中，并邀请工友一起分享"美味"。吴某某构成非法使用罂粟壳的违反治安管理行为，被公安机关处以罚款500元。

【长知识】罂粟、罂粟壳的危害

罂粟是提取海洛因的主要毒品原植物，长期食用容易成瘾，造成慢性中毒，危害身体，严重的还会因呼吸困难而丧命。我国对罂粟种苗及种植严加管制，除药用、科研外，一律禁止种植，即禁止播种、育苗、移栽、插苗、施肥、灌溉、割取津液或者收取种子等行为。罂粟和大麻、古柯并称为三大毒品植物。由于毒品原植物必须在成熟后才能成为毒品，因此，在成熟前自行铲除的，对社会危害不大，可以不予处罚。

罂粟壳是罂粟干燥的果壳，罂粟壳中的生物碱成分具有一定的止痛、止咳、止泻作用，可缓解胃痛、腹痛、筋骨疼痛，可用于治疗咳嗽、久咳、腹泻等症状。但长期或过量使用罂粟壳会让使用者产生心理依赖和其他不良反应。因此，罂粟壳被我国列入麻醉药品管理目录，其使用和销售均受到严格的监管，违反国家对罂粟等毒品原植物和罂粟壳的管理规定，非法运输、买卖、储存、使用的，将会受到治安管理处罚。

第八十四条　有下列行为之一的，处十日以上十五日以下拘留，可以并处三千元以下罚款；情节较轻的，处五日以下拘留或者一千元以下罚款：

（一）非法持有鸦片不满二百克、海洛因或者甲基苯丙胺不满十克或者其他少量毒品的；

（二）向他人提供毒品的；

（三）吸食、注射毒品的；

（四）胁迫、欺骗医务人员开具麻醉药品、精神药品的。

聚众、组织吸食、注射毒品的，对首要分子、组织者依照前款的规定从重处罚。

吸食、注射毒品的，可以同时责令其六个月至一年以内不得进入娱乐场所、不得擅自接触涉及毒品违法犯罪人员。违反规定的，处五日以下拘留或者一千元以下罚款。

【解疑惑】非法持有"其他少量毒品"的标准是什么？

非法持有毒品违反治安管理行为，必须是"数量较少"。根据我国《刑法》和相关司法解释，"少量"是指非法持有鸦片不超过200克，海洛因或者甲基苯丙胺不超过10克。《刑法》第348条规定，非法持有鸦片1000克以上、海洛因或者甲基苯丙胺50克以上或者其他毒品数量较大的，处7年以上有期徒刑或者无期徒刑，并处罚金；非法持有鸦片200克以上不满1000克、海洛因或者甲基苯丙胺10克以上不满50克或者其他毒品数量较大的，处3年以下有期徒刑、拘役或者管制，并处罚金；情节严重的，处3年以上7年以下有期徒刑，并处罚金。可见，非法持有毒品行为罪与非罪的区别主要以持有毒品的"数量多少"为依据。

【举实例】为寻求刺激吸毒被处罚

张某某过生日邀请朋友在酒吧玩耍。其间，有人提出吸食K粉助兴。一起玩耍的万某叫朋友送来了两小包K粉。张某某在吸食K粉时，被公安机关查获。张某某构成吸毒行为，被公安机关处以行政拘留5日；万某构成向他人提供毒品行为，被处以罚款1000元。

【长知识】对吸毒人员的限制性法律措施

对吸食、注射毒品的，可以责令其6个月至1年内不得进入娱乐场所、不得擅自接触涉毒违法犯罪人员。这是对违反治安管理行为人附加适用的一项限制性法律措施，目的是帮助吸毒违法行为人远离吸毒的物质和心理依赖环境，避免接触毒品，更好地戒掉毒瘾。如果在规定期间内进入夜总会、酒吧等娱乐场所，或者接触涉毒违法犯罪人员的，将面临5日以下拘留或者1000元以下罚款处罚。

第八十五条 引诱、教唆、欺骗或者强迫他人吸食、注射毒品的，处十日以上十五日以下拘留，并处一千元以上五千元以下罚款。

容留他人吸食、注射毒品或者介绍买卖毒品的，处十日以上十五日以下拘留，可以并处三千元以下罚款；情节较轻的，处五日以下拘留或者一千元以下罚款。

【解疑惑】什么是引诱、教唆、欺骗、强迫他人吸毒?

引诱他人吸毒，是指通过欺骗、伪装或隐瞒，诱导他人从事吸毒行为。教唆他人吸毒，是指以劝说、利诱、授意、怂恿、收买、威胁等方法，将自己的违法意图灌输给本来没有吸毒意图的人，致使他人按照自己的意图实施吸毒违法行为。欺骗他人吸毒，是指虚构事实或者隐瞒毒品危害的事实真相，说服他人按照自己的意图实施吸毒行为。强迫他人吸毒，是指以暴力、威胁等手段迫使他人按照自己的意图实施吸毒的行为。

【辨差异】引诱、教唆、欺骗或强迫他人吸毒行为与引诱、教唆、欺骗他人吸毒罪和强迫他人吸毒罪的区别

引诱、教唆、欺骗他人吸毒行为与引诱、教唆、欺骗他人吸毒罪和强迫他人吸毒罪在主观方面和行为方式上是一致的，区别主要体现在违法情节和社会危害程度上。根据相关司法解释，[①]引诱、教唆、欺骗他人吸食、注射毒品

---

① 参见最高人民检察院、公安部《关于公安机关管辖的刑事案件立案追诉标准的规定(三)》第9条、第10条(2012年5月16日)。

的；违背他人意志，以暴力、胁迫或者其他强制手段，迫使他人吸食、注射毒品的，应予立案追诉。可见，引诱、教唆、欺骗或强迫吸毒的违反治安管理行为与犯罪行为并没有人数、次数的规定。如果引诱、教唆、欺骗、强迫行为情节较轻，未造成严重后果或者被引诱、教唆、欺骗者未实际吸食、注射毒品，或吸食、注射量较小，未成瘾的，可以按照违反治安管理行为进行处罚。在司法实践中，引诱、教唆、欺骗多人次吸毒，或者采取暴力手段威胁、强迫他人吸毒，造成身心健康受到伤害等严重后果的，应依法追究刑事责任。

【举实例】诱骗他人吸食毒品被处罚

张某约王某、李某一起去酒吧玩耍，在玩耍过程中拿出几瓶"特殊的"饮料请王某、李某一起喝，并告诉他们这是"快活水"，喝了之后感觉非常舒爽，对身体没什么危害。王某、李某信以为真，跟着张某一起喝，兴奋地玩到了凌晨。王某等人事后得知，"快活水"是一种将冰毒、K粉混合而成的新型毒品，对自己"吸毒"的行为后悔不已。张某构成诱骗他人吸食毒品行为，被公安机关处以行政拘留10日，并处罚款2000元。

第八十六条 违反国家规定，非法生产、经营、购买、运输用于制造毒品的原料、配剂的，处十日以上十五日以下拘留；情节较轻的，处五日以上十日以下拘留。

【解疑惑】什么是制造毒品的原料、配剂？

制造毒品的原料、配剂，是指在合成或加工毒品过程中所使用的各种化学物质和材料。根据我国《刑法》规定，制毒物品原料、配剂包括醋酸酐、乙醚、三氯甲烷或者其他用于制造毒品的原料或者配剂。为了加强易制毒化学品管理，规范易制毒化学品的生产、经营、购买、运输和进口、出口行为，防止易制毒化学品被用于制造毒品，维护经济和社会秩序，2005年8月26日国务院令第445号公布了《易制毒化学品管理条例》，并公布了《易制毒化学品的分类和与品种目录》。易制毒化学品的分类和品种需要调整的，由国务院公安部门会同国务院食品药品监督管理部门、安全生产监督管理部门、商务主管部门、卫生主管部门和海关总署提出方案，报国务院批准，对《易制毒化学品的分类和目录品种》进行增列和更新。

【辨差异】非法生产、经营、购买、运输制毒物品行为与非法生产、买卖、运输制毒物品罪的区别

　　二者在主观方面都表现为故意，即明知是制毒物品而非法生产、买卖和运输；在行为方式上都违反了国家对制毒物品的管理制度，实施了非法生产、买卖、运输制毒物品的行为。二者的区别主要表现在违法情节和数量大小上。根据相关司法解释，[①]认定《刑法》第350条第1款规定的"情节较重"的数量标准为：（1）麻黄碱（麻黄素）、伪麻黄碱（伪麻黄素）、消旋麻黄碱（消旋麻黄素）1千克以上不满5千克；（2）1-苯基-2-丙酮、1-苯基-2-溴-1-丙酮、3，4-亚甲基二氧苯基-2-丙酮、羟亚胺2千克以上不满10千克；（3）3-氧-2-苯基丁腈、邻氯苯基环戊酮、去甲麻黄碱（去甲麻黄素）、甲基麻黄碱（甲基麻黄素）4千克以上不满20千克；（4）醋酸酐10千克以上不满50千克；（5）麻黄浸膏、麻黄浸膏粉、胡椒醛、黄樟素、黄樟油、异黄樟素、麦角酸、麦角胺、麦角新碱、苯乙酸20千克以上不满100千

---

　　①　参见最高人民法院《关于审理毒品犯罪案件适用法律若干问题的解释》第7条（2016年4月6日）。

克；（6）N–乙酰邻氨基苯酸、邻氨基苯甲酸、三氯甲烷、乙醚、哌啶50千克以上不满250千克；（7）甲苯、丙酮、甲基乙基酮、高锰酸钾、硫酸、盐酸100千克以上不满500千克；（8）其他制毒物品数量相当的。

【举实例】非法购买制毒物品被处罚

从事废品回收工作的田某在浏览短视频平台时，看到一条利用化学品提炼手机、电脑内存条内的黄金的演示视频，于是萌生了"炼金"的想法，试图提炼手机、电脑内存条内的黄金。田某利用各大搜索引擎查阅相关知识和信息，并从互联网平台分多次购买了10多公斤硝酸、硫酸、盐酸等化学用品，准备圆自己的"炼金"梦，后被公安机关查获。由于硫酸、盐酸属于国家管制的制毒物品，田某构成了非法购买制毒物品行为，被公安机关处以行政拘留7日的处罚。

第八十七条 旅馆业、饮食服务业、文化娱乐业、出租汽车业等单位的人员，在公安机关查处吸毒、赌博、卖淫、嫖娼活动时，为违法犯罪行为人通风报信的，或者以其他方式为上述活动提供条件的，处十日以上十五日以下拘留；情节较轻的，处五日以下拘留或者一千元以上二千元以下罚款。

【辨差异】为吸毒、赌博、卖淫、嫖娼提供条件行为罪与非罪的区别

为了严惩为卖淫嫖娼通风报信行为，全国人民代表大会常务委员会颁布的《关于严禁卖淫嫖娼的决定》明确规定，旅馆业、饮食服务业、文化娱乐业、出租汽车业等单位的负责人和职工，在公安机关查处卖淫、嫖娼活动时，隐瞒情况或者为违法犯罪分子通风报信的，按照《刑法》关于窝藏、包庇罪的规定追究刑事责任。可见，为卖淫、嫖娼提供条件行为既可以是违反治安管理行为，也可能涉嫌窝藏、包庇犯罪。构成犯罪一般应满足两个条件：（1）属于情节严重的行为，如导致违法犯罪嫌疑人逃跑或者造成其他严重后果；（2）必须是在公安机关查处卖淫、嫖娼活动时通风报信，如果是查处吸毒、赌博活动时通风报信，则不构成犯罪。

【举实例】旅馆业管理人员为赌博通风报信被处罚

某派出所民警接到举报，在辖区某酒店内有4名社会人员正在酒店房间内以打麻将的方式赌博。由于4人经常来酒店开房打麻将赌博，他们与酒店保安部的工作人员邓某非常熟悉，当民警来到酒店查处时，邓某立即通知客房部要他们停止赌博活动。邓某构成为赌博通风报信行为，被公安机关处以行政拘留5日的处罚。

【长知识】旅馆业、娱乐场所是公安机关重点监管的行业场所

旅馆业、饮食服务业、文化娱乐业、出租汽车业是国民经济发展的重要组成部分。由于其经营内容的丰富性、多样性，消费者或服务对象的广泛性、流动性以及从业人员的复杂性，这些行业存在较大的安全风险，容易被违法犯罪所利用，也容易滋生"黄赌毒"等违法犯罪行为，成为引诱、容留吸食、注射毒品，卖淫嫖娼，为赌博提供条件的场所。因此，需要由公安机关加强治安监督管理，维护行业治安秩序，保障安全健康的运营环境，净化社会风气，保障人民群众的人身、财产权利。为了加强对旅馆、娱乐场所、出租车行业的治安管理，明确了经营单位和负责人的治安责任，为"黄赌毒"提供条件或者通风报信的将面临行政拘留处罚，情节严重的，将依法追究刑事责任。

第八十八条 违反关于社会生活噪声污染防治的法律法规规定，产生社会生活噪声，经基层群众性自治组织、业主委员会、物业服务人、有关部门依法劝阻、调解和处理未能制止，继续干扰他人正常生活、工作和学习的，处五日以下拘留或者一千元以下罚款；情节严重的，处五日以上十日以下拘留，可以并处一千元以下罚款。

【解疑惑】什么是社会生活噪声？

根据《中华人民共和国环境噪声污染防治法》（以下简称《环境噪声污染防治法》）的规定，社会生活噪声是指人们在日常生活中产生的除工业噪声、建筑施工噪声和交通运输噪声之外的干扰周围生活环境的声音。社会生活噪声包括营业性文化娱乐场所的边界噪声，商业经营活动中使用高音广播喇叭，使用空调器、冷却塔等设备、设施产生的噪声，使用家用电器、乐器或者进行其他家庭室内娱乐活动时形成的噪声，住宅楼进行室内装修对周围居民造成环境噪声污染等。

构成制造噪声干扰他人正常生活行为应满足以下三个条件：（1）违反了社会生活噪声防治法律法规，如未严格执行规定的营业时间噪声限制要求、容积和噪声控制设施的配置不符合国家标准；（2）属于在日常生活、娱乐中产生的生活噪声，如家庭娱乐、小区活动中的广播、音响、高音喇叭以及城乡小作坊加工、家电使用等生活、娱乐、劳作中形成的噪声；（3）在有关人员和有关部门劝阻或调解处理后，不听劝阻，不执行调解协议，未采取有效处理措施，继续干扰他人正常生活。

【举实例】制造噪声干扰他人正常生活被处罚

某装修公司工人李某为了赶工期，中午不休息，晚上也干到8时多才收工，邻居对装修噪声苦不堪言，多次找物业投诉。物业公司派人与装修的业主协商，业主要求李某不要在中午和邻居下班后施工。但李某阳奉阴违，我行我素，邻居报警要求民警处理。李某构成制造噪声干扰他人正常生活行为，被派出所处以罚款500元。

【长知识】公安机关与环保部门在生活噪声管理中的职责分工

根据《环境噪声污染防治法》，县级以上人民政府生态环境主管部门和其他环境噪声污染防治工作的监督管理部门、机构负责辖区内噪声污染的监督检查、行政执法和赔偿调解工作，可以对违法形成社会生活噪声的情形予以制止、责令停产停业、取缔。公安机关负责对制造生活噪声污染，不执行调解协议、不听劝阻、不采取措施，继续干扰他人正常生活的行为实施治安管理处罚。

第八十九条　饲养动物，干扰他人正常生活的，处警告；警告后不改正的，或者放任动物恐吓他人的，处一千元以下罚款。

违反有关法律、法规、规章规定，出售、饲养烈性犬等危险动物的，处警告；警告后不改正的，或者致使动物伤害他人的，处五日以下拘留或者一千元以下罚款；情节较重的，处五日以上十日以下拘留。

未对动物采取安全措施，致使动物伤害他人的，处一千元以下罚款；情节较重的，处五日以上十日以下拘留。

驱使动物伤害他人的，依照本法第五十一条的规定处罚。

【解疑惑】为何要加强对饲养动物的治安管理？

本条是对饲养动物干扰他人正常生活，出售、饲养危险动物，放任动物伤害他人三种违法行为的治安管理处罚规定。随着人们生活水平的提高，饲养宠物成为一种普遍现象的同时，也带来了一系列社会秩序管理问题，如影响城市公共卫生、影响市民人身安全、干扰居民正常生活等问题。为了规范养犬等饲养动物行为，保障公民人身安全和身体健康，维护市容环境和社会公共秩序，各地政府都根据当地经济社会发展的实际情况出台了饲养动物的相关法律法规。动物饲养人对饲养动物负有安全看管义务，不得干扰他人正常生活或者给他人造成伤害。如果饲养人违反了相关管理规定，未对动物采取安全措施造成他人损害的，或者饲养禁止饲养的烈性犬等危险动物，造成他人损害的，依法应当承担民事侵权责任；对社会治安秩序造成危害的，还应承担治安行政责任。

【举实例】饲养动物伤害他人被处罚

市民李某喜爱养德国牧羊犬。他自认为自己养的德国牧羊犬不会咬人，因此经常不拴绳。某天下午，他在自己居住的小区附近公园遛狗时，他的德国牧羊犬突然冲向一名12岁的少年并将其扑倒在地后撕咬，造成小孩多处皮外伤。李某未对动物采取安全措施，致使动物伤害他人，构成了违反治安管理行为，被派出所处以罚款800元。

第四章　处罚程序

第一节　调　查

<u>第九十条</u>　公安机关对报案、控告、举报或者违反治安管理行为人主动投案，以及其他国家机关移送的违反治安管理案件，应当立即立案并进行调查；认为不属于违反治安管理行为的，应当告知报案人、控告人、举报人、投案人，并说明理由。

【解疑惑】公安机关接到报案后，在多长时间内决定是否立案？

对报案、控告、举报或者违反治安管理行为人主动投案，以及其他行政主管部门、监察机关、人民法院、人民检察院移送的公安行政案件，属于本单位管辖的，除当场作出处罚决定的外，应当依法立即立案并调查处理，不得以损失数额不够、危害不大等理由推诿、拖延。接报民警提出立案意见，并在《行政案件立案登记表》中注明，报办案部门负责人审批。部门负责人审批同意立案的，制作《行政案件立案告知书》交报案人、控告人、举报人、扭送人、投案人，并依法进行调查。

本法条仅规定"立即立案"，未明确具体天数。结合实务和相关法规，对于一般案件，公安机关应在接到报案后24小时内受理并初步审查，复杂案件可延长。治安案件立案程序的核心是及时审查、书面反馈、依法调查。报案人在报案时，可主动要求书面回执，对不立案决定可通过复议或诉讼维权。

【长知识】公安机关立案的条件

本条规定，公安机关对报案、控告、举报或移送的违反治安管理行为应当立案调查。一般来讲，公安机关决定立案应当具备三个条件：（1）有违反治安管理行为的事实存在；（2）需要追究行为人的治安行政责任；（3）属于公安机关管辖。

第九十一条 公安机关及其人民警察对治安案件的调查，应当依法进行。严禁刑讯逼供或者采用威胁、引诱、欺骗等非法手段收集证据。

以非法手段收集的证据不得作为处罚的根据。

【解疑惑】"以非法手段收集证据"的具体表现形式有哪些?

以非法手段收集证据，是指通过严重侵犯人权或违反禁止性规定的手段获取证据。公安机关及其人民警察在调查治安案件时严禁以非法手段收集证据，违者相关证据不得作为处罚的依据。其典型表现形式包括：第一，刑讯逼供。即通过暴力殴打、变相体罚或精神折磨迫使被调查人违背意愿供述。第二，威胁。以伤害本人及亲属、加重处罚、剥夺法定权利等相要挟获取口供。第三，引诱。承诺减轻处罚、物质利益等诱导虚假陈述。第四，欺骗。通过伪造证据等误导被调查人。第五，程序违法。包括非法拘禁、单人询问、搜查扣押未依法审批、未通知未成年人监护人到场等。此外，通过上述手段获取的物证、书证，若严重损害司法公正或无法补正，亦属无效。

【辨差异】非法证据与证据瑕疵的区别

二者都可能属于取证程序违法的证据，但违法性质与法律后果不同。非法证据，是指通过严重侵犯人权或违反禁止性规定的手段获取的证据，如刑讯逼供、威胁、非法拘禁等。其违法性直接损害执法公正或侵犯公民基本权利，不得作为定案依据。证据瑕疵，是指取证程序存在轻微疏漏或形式缺陷，如笔录缺少签名、见证人未到场、扣押清单不规范等。其违法性较轻且未实质性影响案件的真实性或侵犯当事人的权利，允许通过补正或合理解释后继续使用，如补充签名、说明情况等。

第九十二条 公安机关办理治安案件，有权向有关单位和个人收集、调取证据。有关单位和个人应当如实提供证据。

公安机关向有关单位和个人收集、调取证据时，应当告知其必须如实提供证据，以及伪造、隐匿、毁灭证据或者提供虚假证言应当承担的法律责任。

【解疑惑】单位和个人伪造、隐匿、毁灭证据或者提供虚假证言的应当承担哪些法律责任?

为了维护社会秩序、保障公共安全、保护公民的人身与财产权利，根据相关法律规定，公安机关有权向有关单位和个人收集、调取证据，有关单位和个人应当如实提供证据。打击违法犯罪需要群众的支持和配合，伪造、隐匿、毁灭证据或者提供虚假证言会影响公安机关依法办案，妨害司法管理秩序，纵容违法行为，可依据《治安管理处罚法》第72条的规定，给予行为人5日以上10日以下行政拘留，可以并处1000元以下罚款。

【辨差异】伪造证据与作伪证的区别

伪造证据与作伪证均属于妨害正常司法、影响公正执法的行为，但二者在行为方式及证据类型上存在差异。伪造证据，是指故意制造、篡改、变造虚假的证据材料，或者隐瞒、毁灭真实证据，以误导司法机关或影响案件公正处理的行为。伪造证据的类型主要是实物证据，如物证、书证等。作伪证，是指向公安机关提供虚假的证言、鉴定意见、记录或翻译，意图误导裁判或影响案件公正处理的行为。作伪证的类型主要是言词证据，如证人证言、当事人陈述等。

【长知识】公安机关调取证据的程序

公安机关需要向有关单位和个人调取证据的，首先须经办案部门负责人批准，并开具《调取证据通知书》，明确调取的证据种类和提供时限。被调取人应当在通知书上盖章或者签名。被调取人如果拒绝，公安机关应当注明，并应当采用录音、录像等方式固定证据内容及取证过程。对于需要向有关单位紧急调取证据的，公安机关可以在电话告知人民警察身份的同时，将《调取证据通知书》连同办案人民警察的人民警察证复印件通过传真、互联网通讯工具等方式送达有关单位。

第九十三条 在办理刑事案件过程中以及其他执法办案机关在移送案件前依法收集的物证、书证、视听资料、电子数据等证据材料，可以作为治安案件的证据使用。

【解疑惑】刑事证据等为何可以作为治安案件的证据使用？

允许在办理刑事案件过程中以及其他执法办案机关在移送案件前依法收集的物证、书证、视听资料、电子数据等证据材料可以作为治安案件的证据使用，是法律对执法效率与程序正义的平衡，既避免了资源浪费，又通过严格的合法性审查保障了证据质量。这一证据规则体现了我国法律体系的关联性和科学性：（1）有利于节约司法资源，提高执法效率。如果重新收集证据会导致执法机关人力、时间、物力等方面的浪费。例如，同一监控录像、同一证人证言反复调取，必然增加执法成本。（2）可以防止证据的灭失。容易腐败的物证、易篡改的电子数据等可能随时间推移灭失或失真，直接使用已合法收集的证据更有利于查明事实。（3）体现了证据的法律属性。公安机关在办理刑事案件过程中以及其他行政执法机关、监察机关在移送案件前依法收集证据时，均需遵循《刑事诉讼法》《行政强制法》《监察法》等的程序规定，且证据均需满足"真实性、合法性、关联性"要求，证据标准具有共通性。

【举实例】刑事证据可直接作为行政处罚的依据

卢某向某派出所报案，称其停放在地下车库的名车被人为损坏，一些零部件被盗，派出所经初步调查后立为刑事案件侦查。侦查后发现，只有右侧反光镜被盗，委托价格认定机构评估反光镜价值为1050元，未达到刑事犯罪追诉标准，于是转为行政案件办理。公安机关根据侦查期间获取的地下车库及小区监控视频、现场勘验笔录与车辆损坏鉴定、卢某陈述等证据材料认定违法行为人黄某构成故意损毁财物行为，对其作出行政拘留5日的处罚决定。

【长知识】公安机关办理行政案件的证据种类

可以用于证明案件事实的材料都是证据。公安机关办理行政案件的证据包括：（1）物证。物证，是指以物品的物理属性、外部特征或存在状态证明案件事实的实物证据。例如，实施违法行为所使用的刀具、棍棒等工具；涉案的财物，如被盗的手机、被损毁的物品等；现场遗留的指纹、血迹、足迹等痕迹。（2）书证。书证，是指以文字、符号、图表等记载的内容证明案件事实的书面材料。例如，书面威胁信，伪造的证件，合同、发票、收据、账本等财务记录，虚假广告传单等。（3）被侵害人陈述和其他证人证言。被侵害人陈述，是指被侵害人对其遭受侵害事实的陈述；其他证人证言，是指案外第三人对案件事实的客观描述。（4）违法嫌疑人的陈述和申辩。违法嫌疑人的陈述和申辩，是指违法行为人对案件事实的供述、辩解或自我辩护意见。（5）鉴定意见。鉴定意见，是指由专业机构或人员对专门性问题出具的结论性意见，包括人身伤害鉴定、精神病鉴定、价格鉴定、电子数据鉴定等。（6）勘验、检查笔录，辨认笔录，现场笔录。勘验、检查笔录，是指对案发现场、物品或人身检查的客观记录；辨认笔录，是指违法嫌疑人、被侵害人或者其他证人对于违法行为有关的物品、场所或者违法嫌疑人进行识别并确认的记录；现场笔录，是指对违法行为发生时的现场状况、行为过程及执法人员处置情况所作的即时书面记录。（7）视听资料、电子数据。视听资料、电子数据，是指通过录音、录像、电子设备记录的信息，包括公共场所监控录像、执法记录仪视频，以及手机短信、微信聊天记录、电子邮件、网络谣言截图、直播录屏等。

第九十四条　公安机关及其人民警察在办理治安案件时，对涉及的国家秘密、商业秘密、个人隐私或者个人信息，应当予以保密。

【解疑惑】办理治安案件过程中泄露个人隐私或个人信息的怎么处理？

公安机关及其人民警察在办理治安案件时，违反保密纪律，泄露个人隐私或个人信息的，根据相关法律法规规定，应作出以下处理：（1）内部纪律处分。公安机关可以根据人员的具体行为和情节，对泄露信息的警察进行内部纪律处分，包括警告、记过、降级、撤职等。（2）追究法律责任。在办案过程中，违反保密纪律，泄露个人信息的行为构成违法，相关责任人可能面临行政处罚，甚至刑事责任。（3）承担民事责任。被泄露个人信息的受害者可以依法提起民事诉讼，要求侵权人赔偿损失。公安机关督察、纪检部门应当对办案过程中民警泄露公民信息或者隐私事件及时展开调查，并采取相应的整改措施。

【辨差异】个人信息与个人隐私的区别

个人信息与个人隐私是两个既紧密关联又存在本质区别的概念。个人信息是以电子或其他方式记录的、能够单独或结合其他数据识别特定自然人的各类信息，如姓名、身份证号、电话号码等，其核心在于数据的"可识别性"。个人隐私则强调自然人对其私密空间、活动和信息享有的"不受侵扰"的权利，如家庭生活、通信内容、健康记录等，其本质是保护个体不愿被外界知晓或干涉的私密领域。个人信息是数据载体，个人隐私则是权利边界。二者的核心区别体现在保护内容的法律属性上。个人信息保护聚焦数据本身的合法处理与安全，如收集、存储、共享需遵循"合法性、最小必要"等原则。个人隐私通常涉及更高敏感度的内容，如性取向、婚姻矛盾等；而个人信息可能包含非敏感数据，如公开的职业信息。隐私权重视对私密性的保护，如《民法典》禁止刺探、公开他人私生活或非法侵入住宅，即使信息未被记录，如偷听偷窥，仍可能构成侵犯隐私权。

【举实例】民警违规泄露他人隐私应当承担法律责任

某市公安局民警王某在办理一起卖淫嫖娼案件时，为"警示他人"，擅自用手机对涉案人员李某、赵某的询问笔录（含真实姓名、身份证号、家庭住址及案件细节）进行拍照，并将照片发送至个人微信好友群。群内成员孙某为吸引流量，将照片转发至社交平台，引发网民对李某、赵某的"人肉搜索"和辱骂，导致二人被公司解雇、家庭矛盾激化。王某在办理案件过程中，擅自泄露涉案人员的隐私信息，严重侵犯了公民的合法权益，应当依法承担相应的法律责任。

【长知识】违法嫌疑人可以要求公安机关为其保密

治安违法嫌疑人可以要求公安机关为其保密，但需符合法定条件且受公共利益限制。嫌疑人可主张保密的情形包括：一是身份隐私，如姓名、肖像、联系方式等。但若案件已引发社会关注，公安机关可能需适度公开以澄清事实。二是特殊案件，如涉及未成年人、性侵害、商业秘密等的案件，保密具有法律强制性。三是敏感信息，如疾病史、亲属关系等与案件无直接关联的隐私，可要求隐去。但公安机关有权根据《政府信息公开条例》规定对涉及公共利益的违法行为进行必要的信息披露。

在执法实践中，公安机关需在"执法公开"与"隐私保护"之间寻求平衡。在法律文书公开方面，处罚决定书通常需公开，但需隐去身份证号等细节；在进行媒体信息披露时，公安机关不得主动向媒体提供嫌疑人影像，但通缉犯等特殊情形除外。

第九十五条 人民警察在办理治安案件过程中，遇有下列情形之一的，应当回避；违反治安管理行为人、被侵害人或者其法定代理人也有权要求他们回避：

（一）是本案当事人或者当事人的近亲属的；

（二）本人或者其近亲属与本案有利害关系的；

（三）与本案当事人有其他关系，可能影响案件公正处理的。

人民警察的回避，由其所属的公安机关决定；公安机关负责人的回避，由上一级公安机关决定。

【解疑惑】1. 如何正确理解应当回避的三种情形？

本条规定的回避制度旨在保障案件处理的公正性，防止因执法人员与案件存在特定关系而产生偏私。回避的情形包括：（1）是本案当事人或者当事人的近亲属。民警若为案件当事人，如被侵害人、行为人，或其当事人近亲属，如配偶、父母、子女、兄弟姐妹等，必须回避。此情形直接排除"自审自案"或"亲属审案"，确保立场中立。（2）本人或其近亲属与本案有利害关系。民警或其近亲属与案件结果存在利益关联，如经济或职务影响等，无论利益是否实际受损，均需回避。核心在于预防利益冲突，避免处理过程受私利影响。（3）与本案当事人有其他关系，可能影响案件公正审理。民警与当事人之间有朋友或同学等私人关系、存在矛盾纠纷等对立关系或者其他可能引发合理怀疑的社会关联，可能影响案件的公正处理时，需要回避。判断标准以"一般人合理怀疑"为准，无须证明实际影响。

2. 当事人能否申请公安机关整体回避？

根据本条的规定，回避对象是办理治安案件的人民警察或单位负责人，也就是说，回避制度针对"个人"而非"机关"。因此，当事人不能申请公安机关整体回避。当事人申请负责人回避的，回避决定由上级公安机关决定。

【辨差异】自行回避、申请回避和指令回避的区别

在治安案件办理中，自行回避、申请回避和指令回避是回避制度的三种不同启动方式。自行回避体现执法者自律，申请回避凸显当事人权利保障，指令回避则依赖上级监督权，三者互补构成回避制度的完整闭环，确保程序公正。它们的区别如表4-1所示。

表4-1 自行回避、申请回避和指令回避的区别

区别	自行回避	申请回避	指令回避
启动主体不同	办案警察或负责人发现自身存在法定回避情形而主动发起	当事人或其法定代理人基于对办案人员公正性的合理怀疑而提出	上级公安机关依职权启动，通常在办案人员应回避而未回避、且当事人未申请时介入
适用前提不同	• 是本案当事人或者当事人的近亲属的 • 本人或者其近亲属与本案有利害关系的 • 与本案当事人有其他关系，可能影响案件公正处理的		强调"职权监督"，无论当事人是否察觉，只要上级发现办案人员存在回避事由且未主动退出，即可直接责令回避
决定程序不同	提交申请并说明理由，办案民警由所属的公安机关审查决定；公安机关负责人的回避，由上一级公安机关决定	提出申请并说明理由，公安机关须在2日内作出决定	上级公安机关直接决定并强制执行，效力具有单向性和强制性

【举实例】同学关系也属于"应当回避"的法定情形

周某到某派出所报案，称赵某夫妇采用静坐、拦挡等形式阻挠其公司正常施工。派出所立案后，民警李某依法对赵某夫妇进行治安传唤。因李某与周某系中学同学且多年来一直来往密切，周某担心由李某负责此案的办理会影响案件的公正处理，遂要求李某回避。派出所领导于是决定让李某回避，另外指派其他民警调查此案。

第九十六条 需要传唤违反治安管理行为人接受调查的，经公安机关办案部门负责人批准，使用传唤证传唤。对现场发现的违反治安管理行为人，人民警察经出示人民警察证，可以口头传唤，但应当在询问笔录中注明。

公安机关应当将传唤的原因和依据告知被传唤人。对无正当理由不接受传唤或者逃避传唤的人，经公安机关办案部门负责人批准，可以强制传唤。

【解疑惑】什么是"无正当理由不接受传唤或者逃避传唤"？

对"无正当理由不接受传唤或逃避传唤"的，公安机关经负责人批准后可强制传唤。无正当理由不接受传唤的情形包括以下三种情况：一是明确拒绝配合。行为人接到传唤通知后，直接表示拒绝到案，且未提供任何合理理由。二是虚构借口拖延。行为人谎称"工作繁忙""身体不适"等来推脱，但无法提供真实证明。三是消极不回应。行为人收到传唤证后既不联系公安机关，也不按指定时间到案，且无正当解释。若行为人因突发疾病、不可抗力或履行法定职责而无法到案，并提供有效证据的，则不属于"无正当理由"。

行为人逃避传唤的三种情形包括：一是隐匿行踪，关闭通讯工具、搬离住所或长期失联，刻意躲避公安机关联系；二是暴力抗拒或逃跑，民警上门传唤时，行为人翻墙逃跑、暴力反抗或煽动他人阻碍执法；三是冒名顶替，让他人冒充自己接受调查，试图逃避责任。

【辨差异】口头传唤、书面传唤和强制传唤的区别

口头传唤、书面传唤和强制传唤是公安机关针对不同执法情境采取的三种传唤方式。三者的区别主要体现在以下几个方面：（1）适用情形不同。口头传唤仅适用于民警现场发现违反治安管理行为人，民警经出示人民警察证后即可实施，不需要《传唤证》。需要注意的是，此处的现场，应当指发现违反治安管理行为人的地点或场所，既包括案发现场，又包括民警在案发现场之外的任何地点发现违反治安管理行为人。书面传唤则针对非现场发现的违法行为人，需经办案部门负责人批准并签发《传唤证》，以书面形式通知被传唤人到案。强制传唤则是针对无正当理由拒绝接受口头或书面传唤以及故意逃避传唤的行为人，经审批后可采取强制手段将其带至公安机关。口头传唤强调"现场即时性"，书面传唤侧重"程序规范性"，强制传唤体现"执法强制性"。（2）程序要求不同。口头传唤需在询问笔录中注明时间、地点及原因，确保事后可追溯；书面传唤必须明确告知传唤依据并送达《传唤证》，保障被传唤人的知情权；强制传唤则须经办案部门负责人批准，且强制手段须符合比例原则。（3）强制力不同。口头与书面传唤均以当事人自愿配合为前提，本身不涉及强制力，但若被传唤人拒绝，则可能触发强制传唤。强制传唤直接通过警械、约束带等强制措施来实现，具有即时强制性，其执行须严格限制在必要范围内，如不得对老人、孕妇过度使用武力。

【举实例】不服从口头传唤被强制传唤

某日，某镇人民政府工作人员陈某在镇村委活动室因工作矛盾与同事曾某发生口角并升级为肢体冲突，造成对方轻微伤。当地派出所接警后，民警吴某、文某赶赴现场调查，发现陈某已离开镇村委活动室前往扶贫工作点。随后，民警驱车前往乡下，途中与陈某乘坐的车辆相遇。民警向陈某出示证件并告知："现依法口头传唤你至派出所接受调查。"但陈某以"曾某不去，我就不去"为由拒绝配合，并转身返回车内欲离开。民警据此判断其存在逃避传唤意图，在请示派出所所长同意后对其予以强制传唤。

第九十七条 对违反治安管理行为人，公安机关传唤后应当及时询问查证，询问查证的时间不得超过八小时；涉案人数众多、违反治安管理行为人身份不明的，询问查证的时间不得超过十二小时；情况复杂，依照本法规定可能适用行政拘留处罚的，询问查证的时间不得超过二十四小时。在执法办案场所询问违反治安管理行为人，应当全程同步录音录像。

公安机关应当及时将传唤的原因和处所通知被传唤人家属。

询问查证期间，公安机关应当保证违反治安管理行为人的饮食、必要的休息时间等正当需求。

【解疑惑】如何计算询问查证的时间？

本条规定了询问查证的时间：普通案件不超过8小时，涉案人数多或身份不明的不超过12小时，可能拘留的复杂案件不超过24小时，执法中要求严格执行。询问查证时间的起点，应当从被传唤人到案时开始计算，而不能从公安机关传唤违反治安管理行为人时开始计算，也不能从公安机关对被传唤人开始询问时计算。当然，在特殊情况下，因被传唤人的原因无法开展询问查证的，如醉酒的违反治安管理行为人，其询问查证的时间从其酒醒能够接受询问时开始计算。询问查证的终止时间是结束询问查证、被传唤人可以自由离开公安机关或者指定询问地点的时间。结束询问查证，并不是指终止对案件的询问查证，而是结束本次传唤的询问查证。查证期间应当保证违法嫌疑人的饮食和必要的休息时间，不得以连续传唤的形式变相拘禁违法嫌疑人。

【长知识】公安机关应当及时通知被传唤人家属

为了保障违法行为人的权利，公安机关应当及时告知当事人家属传唤的公安机关、理由、地点和期限，避免模糊表述导致家属无法有效核实或寻求救济。通知的方式可以是电话、短信、传真等任何可以联系到其家属的方式。对于身份不明、拒不提供家属联系方式或者因自然灾害等不可抗力导致无法通知的，公安机关也可以不予通知，但应当在询问笔录中予以注明。特殊情形下，若涉及国家安全或恐怖活动等法定例外事由，公安机关也可暂缓通知，但需经审批并记录理由。

第九十八条 询问笔录应当交被询问人核对；对没有阅读能力的，应当向其宣读。记载有遗漏或者差错的，被询问人可以提出补充或者更正。被询问人确认笔录无误后，应当签名、盖章或者按指印，询问的人民警察也应当在笔录上签名。

被询问人要求就被询问事项自行提供书面材料的，应当准许；必要时，人民警察也可以要求被询问人自行书写。

询问不满十八周岁的违反治安管理行为人，应当通知其父母或者其他监护人到场；其父母或者其他监护人不能到场的，也可以通知其他成年亲属，所在学校、单位、居住地基层组织或者未成年人保护组织的代表等合适成年人到场，并将有关情况记录在案。确实无法通知或者通知后未到场的，应当在笔录中注明。

【解疑惑】为何询问不满18周岁的违反治安管理行为人，应当通知其父母或者其他监护人到场？

这一规定，体现了法律对未成年人的特殊保护，具有重要的法律价值和社会意义。（1）"合适成年人到场"制度有利于保护未成年人权利。未成年人在法律上被视为相对无民事行为能力人，他们的判断能力和自我保护能力相对较弱。通知监护人到场，有助于保护未成年人的合法权益，确保他们在法律程序中获得适当的支持和保护。（2）有利于加强对未成年人的教育和引导。未成年人违法与其成长环境、教育和心理发展有关，监护人在场可以帮助引导未成年人认识到其行为的错误，进行教育和改正，从而减少其再次违法的可能性。（3）有利于确保执法公正。通知监护人到场能够增强法律程序的透明度，确保未成年人在适当的环境中接受询问，减少误解和冲突。

【举实例】询问未成年人未通知监护人到场属于程序违法

废品收购经营者吴某与张某共用一院落进行经营。某日中午，双方因废品堆放占道问题发生争执并相互厮打。吴某之子刘某（15周岁）在拉架过程中从背后抱住张某，并挥拳击打其面部2次。张某报警后，公安机关立案调查，但在询问刘某时未通知其父母或其他监护人到场。在后续处理中，公安机关对刘某作出行政拘留10日的处罚，因刘某未满18周岁，决定行政拘留不执行。本案中，公安机关对未满18周岁的刘某进行询问时未通知其父母或其他监护人到场，违反了本法的强制性规定，不符合法定程序要求，询问获得的行为人陈述不能作为证据使用。

第九十九条　人民警察询问被侵害人或者其他证人，可以在现场进行，也可以到其所在单位、住处或者其提出的地点进行；必要时，也可以通知其到公安机关提供证言。

人民警察在公安机关以外询问被侵害人或者其他证人，应当出示人民警察证。

询问被侵害人或者其他证人，同时适用本法第九十八条的规定。

【解疑惑】询问被侵害人或者证人一定要在公安机关进行吗？

配合公安机关调查是公民的法定义务。但询问被侵害人或证人并不一定要在公安机关进行。公安机关在进行询问时，可以根据案件的具体情况和被询问者的实际情况选择适当的地点。被侵害人或证人出于安全、方便等方面的考虑，有权要求公安机关办案民警在被询问人的居住地、单位或其他适合的场所进行。在某些特殊情况下，如被侵害人为未成年人、女性等，公安机关可能会选择在更为私密和安全的环境中进行询问，以保护其隐私和心理健康。

在公安机关以外的场所询问时，民警必须主动出示人民警察证及载明询问事由的书面文件。被询问人有权核实民警身份，防止不法分子冒充。若民警未出示证件，被询问人可拒绝配合。

第一百条　违反治安管理行为人、被侵害人或者其他证人在异地的，公安机关可以委托异地公安机关代为询问，也可以通过公安机关的视频系统远程询问。

通过远程视频方式询问的，应当向被询问人宣读询问笔录，被询问人确认笔录无误后，询问的人民警察应当在笔录上注明。询问和宣读过程应当全程同步录音录像。

【解疑惑】违反治安管理行为人、被侵害人、证人不在本地怎么办？

根据本条规定，违反治安管理行为人、被侵害人、证人不在本地的，公安机关不一定要前往其居所地或工作地进行询问调查，可采用委托异地公安机关代为询问和远程视频询问的方式进行，以节省时间及成本。远程视频询问时，民警需向被询问人逐条宣读笔录内容，经被询问人确认无误后，民警应在笔录尾部注明"远程视频询问"并签名，同步录音录像资料需与笔录一并存档备查。另外，公安机关还可以要求不在本地的被侵害人、证人提供书面证言，在缺乏其他证据的情况下可以作为证据使用。

【举实例】远程视频询问安全且高效

张某在A市某餐厅打工时，被同事李某以"代购低价手机"为名骗走2000元。李某得手后逃回老家B市。张某因务工合同到期，返回C市务农，无法配合A市公安机关调查。A市公安机关考虑到张某返乡后取证困难，且传统异地询问耗时耗力，决定启动远程视频询问。民警通过视频联系张某，在线核验其身份证、用工合同，并同步进行人脸识别。询问中，张某通过屏幕指认李某照片，详细描述被骗经过，民警实时生成加密电子笔录，由张某手机端核对后进行电子签名确认，全程录音录像存档。仅用2小时便固定了关键证言和转账记录。远程询问既破解了当事人流动性与办案时效的矛盾，又避免了跨区域执法的资源消耗，凸显高效便民的优势，节约了执法成本。

第一百零一条　询问聋哑的违反治安管理行为人、被侵害人或者其他证人，应当有通晓手语等交流方式的人提供帮助，并在笔录上注明。

询问不通晓当地通用的语言文字的违反治安管理行为人、被侵害人或者其他证人，应当配备翻译人员，并在笔录上注明。

【解疑惑】公安机关应当为询问对象聘请翻译人员的情形有哪些？

在下列情形下，公安机关应当为当事人配备翻译人员，以保障询问对象的正当权利及证据的合法有效。（1）语言障碍。当询问对象无法使用普通话或当地通用的语言进行交流时，应当配备翻译，如仅懂本民族语言的少数民族人员。涉外案件中的外国人即使通晓中文，若明确要求使用其母语的，公安机关应当为其提供翻译人员。（2）生理缺陷。聋哑人或者因疾病、伤残等导致语言功能丧失，需通过手语沟通的，也应由通晓手语等交流方式的专业人员协助沟通，并在笔录中注明当事人的具体情况及翻译人员的相关信息。

【举实例】聘请翻译到场是涉外案件办理质量的保障

某日凌晨3时许，W国籍男子饮酒后返回某市某迪厅寻找遗失的钱包，因服务员开门延迟，情绪失控踹碎玻璃门（损失价值2000元），并殴打服务员王某致其手臂挫伤。迪厅工作人员立即报警。某市公安局指挥中心接警后，迅速指派外事科民警赶赴现场。民警抵达后，第一时间开启执法记录仪，对现场损毁财物拍照取证，固定玻璃碎片、脚印等物证，询问目击证人并制作笔录。确认男子处于醉酒状态后，民警依法口头传唤其至公安机关接受调查，并通知迪厅负责人配合后续取证。

由于语言障碍，市公安局通过外事部门聘请具备资质的W国语翻译到场协助。翻译人员向男子详细告知《治安管理处罚法》规定的权利义务，包括陈述、申辩及要求听证等权利。在翻译的陪同下，民警制作询问笔录，全程录音录像，并由该男子逐页核对签名确认。公安机关再结合其他证据对其作出治安管理处罚决定。聘请翻译到场可以确保执法沟通顺畅、保护当事人权益、提高执法公正性和效率。

第一百零二条 为了查明案件事实，确定违反治安管理行为人、被侵害人的某些特征、伤害情况或者生理状态，需要对其人身进行检查，提取或者采集肖像、指纹信息和血液、尿液等生物样本的，经公安机关办案部门负责人批准后进行。对已经提取、采集的信息或者样本，不得重复提取、采集。提取或者采集被侵害人的信息或者样本，应当征得被侵害人或者其监护人同意。

【解疑惑】什么是个人信息、生物样本？

个人信息，是指能够识别自然人身份或活动轨迹的数据，如姓名、身份证号、住址、电话号码等，主要用于身份核实、案件记录等基础行政程序。生物样本，是指从人体直接提取的生理特征材料，如血液、毛发、指纹、尿液、唾液、指纹、掌纹等。例如，通过采集血液、唾液、皮肤细胞等进行DNA分析，以确认违法行为人身份或确认案件现场。公安机关采集生物样本时，需要遵循相关法律法规，确保采集过程的合法性、正当性和科学性，以保护当事人的合法权益。

【举实例】对吸毒违法人员应采集生物样本

某日晚8时许，某市公安局接到群众举报，称某酒店房间内有疑似吸毒活动。民警迅速出警，抵达现场后，发现房间内有一名年轻女子王某（25岁）神色异常、精神亢奋，桌上散落着锡纸、吸管等疑似吸毒工具。民警立即开启执法记录仪，对现场物品拍照取证，并依法口头传唤王某至派出所接受调查。民警在询问中发现王某瞳孔放大、手部颤抖，结合现场物证，初步判断其可能吸食了毒品。办案民警立即填写《人身检查审批表》，经派出所所长批准后启动人身检查程序。因王某为女性，全程由2名女警执行检查，并协调1名女性医护人员到场协助，确保程序合法性与隐私保护。经办案部门负责人批准后，民警依法采集尿液、血液、毛发等生物样本，结合现场查获的吸毒工具、体表针孔照片及生物样本检测报告，认定王某构成"吸食毒品"的违反治安管理行为。

【长知识】采集"生物样本"需有法律依据

公安机关采集生物样本需以案件必要性为前提，严格遵循法定程序和相关规范进行。主要依据有《道路交通安全法》《禁毒法》《反恐怖主义法》等。例如，《禁毒法》规定，对涉嫌吸毒人员可强制检测，并保存样本备查；《反恐怖主义法》规定，公安机关在反恐调查中可以采集虹膜、脱落细胞等生物信息。采集生物样本需严格履行审批程序，并由2名以上工作人员执行，女性样本由女性工作人员采集。采集过程须使用专用器材，确保样本完整性，防止污染或调包。如果提取或者采集被侵害人的信息或者样本，应当征得被侵害人同意。生物样本信息仅用于办案，不得泄露个人隐私。

第一百零三条 公安机关对与违反治安管理行为有关的场所或者违反治安管理行为人的人身、物品可以进行检查。检查时，人民警察不得少于二人，并应当出示人民警察证。

对场所进行检查的，经县级以上人民政府公安机关负责人批准，使用检查证检查；对确有必要立即进行检查的，人民警察经出示人民警察证，可以当场检查，并应当全程同步录音录像。检查公民住所应当出示县级以上人民政府公安机关开具的检查证。

检查妇女的身体，应当由女性工作人员或者医师进行。

【解疑惑】何为"确有必要立即进行检查"？

检查是获取违反治安管理行为相关证据的重要法律措施，必须按照法律的规定进行。对场所和公民住所进行检查时，必须持有县级以上人民政府公安机关开具的检查证。特殊紧急情形下可以使用执法证进行检查。这里的"确有必要立即进行检查"，是指因紧急情况或特殊事由，若不立即检查可能导致证据灭失、危害后果扩大或违法行为难以查证的情形，具体包括以下情况：（1）证据可能灭失或转移。例如，发现嫌疑人随身携带毒品、违禁品等，若不立即检查可能被销毁或丢弃。（2）正在实施或即将实施违法行为。例如，现场发现斗殴、盗窃等违法行为，需立即控制人身或搜查作案工具。（3）有证据表明或者有群众报警称公民住所内正在发生危害公共安全或者公民人身安全的案（事）件。（4）有证据表明或者接到举报称存在违法存放危险物质的情形，不立即检查可能对公共安全或者公民人身、财产安全造成重大危害。

【长知识】检查妇女身体不一定要女民警实施

据本法条规定，检查妇女身体必须由女性工作人员或医师执行。这里的"女性工作人员"包括女性警察或受公安机关委托的女性专业人员；"医师"既包含女性也包含男性，须具备合法执业资质，且检查行为需与案件调查直接相关。依法对卖淫、嫖娼人员进行性病检查，应当由医师进行。检查中应尊重被检查人的人格尊严和个人隐私。

第一百零四条　检查的情况应当制作检查笔录，由检查人、被检查人和见证人签名、盖章或者按指印；被检查人不在场或者被检查人、见证人拒绝签名的，人民警察应当在笔录上注明。

【解疑惑】被检查人、见证人拒绝签名的检查笔录能作为证据使用吗？

根据本条规定，即使被检查人或见证人拒绝签名，检查笔录仍可作为证据使用，但需满足法定条件和程序要求：（1）通过录音录像记录检查过程或注明情况。根据《行政诉讼法》及《关于行政诉讼证据若干问题的规定》，即使当事人拒签，执法人员只需在笔录中注明原因并采取录音、录像等方式记录，即可作为证据使用。（2）检查程序要合法。拒签笔录的效力依赖于程序的规范性。办理治安案件的民警应当符合人数要求并持检查证进行检查，并在检查笔录中说明记录拒签情况。

【辨差异】见证人和证人的区别

见证人与证人虽一字之差，但区别较大：（1）法律地位不同。见证人是执法程序的监督者，主要职责是现场确认检查过程的合法性，如是否出示证件、程序是否合规。其作用在于保障执法公正性，通常由与案件无利害关系的第三方担任。而证人是案件事实的陈述者，需提供与违法行为相关的客观信息，直接用于认定案件事实。（2）法律要求不同。见证人需全程参与检查并在笔录上签名，若拒绝签名，民警注明原因后不影响笔录的效力。其资格仅需满足中立性，不要求知晓案件内容。证人则需如实陈述案件事实，若作伪证需承担法律责任，且须具备作证能力。（3）作用不同。见证人主要证明程序合法性，其缺失签名可通过相关程序补正；证人则证明实体事实，如违法行为是否存在，若证言缺失则可能影响事实认定。例如，检查笔录因见证人拒签仍有效，但若关键证人拒证，可能导致违法事实无法认定。

【举实例】公安机关检查公民住所应当依法依规进行

某日，某派出所接群众报警称，某小区1号楼多户居民的玻璃被钢珠弹击碎。民警柳某、李某立即赶赴现场摸排，发现该小区11号楼2505室韩某家阳台上有布满弹孔的塑料瓶，瓶内残留4颗8毫米的钢珠弹，初步锁定其作案嫌疑。为避免证据灭失，民警返回派出所后填写了《检查证审批表》，详细列明了检查事由，经所属分局审批后开具检查证。随后，民警携带检查证、警察证返回韩某住所，主动出示证件并告知检查依据，要求韩某配合检查，允许其全程在场监督。在检查过程中，办案民警对涉案物品逐一拍照编号，制作《检查笔录》及《扣押清单》，详细记录物品特征及位置，并请韩某签字确认。因韩某拒绝签字，民警便邀请物业工作人员作为见证人签字并作说明。本案中，民警严格履行检查审批、全程记录、见证人参与等程序，既高效固定证据，又充分保障了当事人的知情权与监督权，为规范执法提供了范例。

【长知识】"检查笔录"的性质与作用

检查笔录是公安机关在检查过程中制作的法定记录文件，其性质与作用主要体现在以下几个方面：（1）检查笔录是公安机关依法对检查过程及结果的书面记录，是具有法律效力的程序性文书。根据本法条的规定，检查必须制作笔录，并需由检查人、被检查人及见证人签名或盖章（按指印），以确认检查的真实性和合法性。若被检查人拒绝签名或不在场，执法人员需在笔录中注明，确保程序合规。（2）检查笔录的核心作用在于固定证据和证明程序合法性。笔录需客观记录检查时间、地点、人员、过程及发现的关键物证，如违禁品位置、形态等，为案件调查提供原始证据。同时，笔录中需包含执法人员身份信息、证件出示情况、权利告知等内容，以证明检查符合法定程序。若程序缺失或记录不完整，可能导致证据无效或引发执法争议。（3）检查笔录通过见证人参与和被检查人签字确认，形成对执法行为的监督机制，防止权力滥用。此外，笔录作为原始记录，是行政复议、行政诉讼的重要证据。

第一百零五条 公安机关办理治安案件，对与案件有关的需要作为证据的物品，可以扣押；对被侵害人或者善意第三人合法占有的财产，不得扣押，应当予以登记，但是对其中与案件有关的必须鉴定的物品，可以扣押，鉴定后应当立即解除。对与案件无关的物品，不得扣押。

对扣押的物品，应当会同在场见证人和被扣押物品持有人查点清楚，当场开列清单一式二份，由调查人员、见证人和持有人签名或者盖章，一份交给持有人，另一份附卷备查。

实施扣押前应当报经公安机关负责人批准；因情况紧急或者物品价值不大，当场实施扣押的，人民警察应当及时向其所属公安机关负责人报告，并补办批准手续。公安机关负责人认为不应当扣押的，应当立即解除。当场实施扣押的，应当全程同步录音录像。

对扣押的物品，应当妥善保管，不得挪作他用；对不宜长期保存的物品，按照有关规定处理。经查明与案件无关或者经核实属于被侵害人或者他人合法财产的，应当登记后立即退还；满六个月无人对该财产主张权利或者无法查清权利人的，应当公开拍卖或者按照国家有关规定处理，所得款项上缴国库。

【解疑惑】如何准确理解本法条中的"与案件有关"？

本条中"与案件有关"的认定，需结合物品与案件事实的关联性进行判断，主要看该物品能否证明违法事实的存在、过程或结果。具体可分为以下情形：（1）直接关联。物品本身能证明或体现违法行为。例如，在打架斗殴案件中，行为人使用的棍棒、刀具等工具；在赌博案件中，现场查获的赌资、赌具。（2）间接关联。物品能够与其他证据结合，证明违反治安管理行为事实。例如，如果行为人手机中存储的微信聊天记录，证明其是扰乱公共场所秩序的组织者、策划人，该手机可暂扣，用于提取和保存电子证据。

【辨差异】扣押与先行登记保存的区别

扣押，是指公安机关在办理治安案件的过程中，对与案件有关、需要作为证据的物品，所采取的扣留、保管的行政强制措施。先行登记保存，是指公安机关在对违反治安管理的当事人进行查处过程中，在证据可能灭失或者以后难以取得的情况下，对需要保全的证据当场登记造册，暂时先予封存固定，责令当事人妥善保管，不得动用、转移、损毁或者隐匿，等待公安机关进一步调查和处理的证据保全措施。在治安案件调查取证过程中，扣押与先行登记保存是在性质、程序及法律后果上均存在显著区别的两种强制措施。二者的区别如下：（1）法律性质不同。扣押属于行政强制措施，适用于与案件直接关联且需作为证据的物品，如作案工具、赃物等；而先行登记保存是证据保全措施，适用于可能灭失或难以取得的证据，如易腐物品或账册，其核心目的是固定证据而非强制控制物品。（2）程序与期限要求不同。扣押需由两名以上执法人员执行，一般需经公安机关负责人事前批准，紧急情况下可先实施并在24小时内补办手续，最长保管期限为30日（经批准可延长30日），满6个月无人主张权利则依法处理。先行登记保存则必须经书面批准，不得事后补批，且严格限定7日内作出处理决定，解除或转为扣押，逾期自动失效。此外，扣押需制作清单并由执法人员、持有人及见证人三方签字；而先行登记保存通常由当事人自行保管，仅需记录证据信息并由当事人确认。（3）法律后果不同。对公安机关扣押不服的，当事人可申请行政复议或诉讼，违法扣押造成财产损失的可主张国家赔偿；先行登记保存没有发生财产的实质性转移，且有严格的期限规定，对先行登记保存不服的不属于行政复议和诉讼的范围。

【举实例】涉案手机应当予以扣押

某日下午，王某在某市地铁二号线人民广场站锁定一名身穿短裙的女性乘客，尾随其进入自动扶梯。趁扶梯上行期间，王某将手机置于女子裙底下方，秘密拍摄隐私部位视频。随后，王某继续尾随该女子穿过站厅、出站闸机出入口，并在通道中再次实施偷拍。女子出站后步行至附近商务区，王某仍尾随约500米，直至目标进入某办公大楼。因专注偷拍，王某未察觉自身行为已被安保人员注意到。当王某在大楼外侧绿化带处低头查看偷拍的视频时，接到报警的辖区民警迅速抵达现场，亮明身份后对其进行控制。王某承认偷拍目的为"寻求刺激"，尚未传播视频。民警依法对王某的手机实施扣押，制作《扣押物品清单》并邀请安保人员作为见证人签字确认。

第一百零六条　为了查明案情，需要解决案件中有争议的专门性问题的，应当指派或者聘请具有专门知识的人员进行鉴定；鉴定人鉴定后，应当写出鉴定意见，并且签名。

【解疑惑】常见的对"有争议的专门性问题"的鉴定有哪些?

在查处治安案件中,"有争议的专门性问题"需要进行专业技术鉴定,常见的鉴定有:伤情鉴定、精神疾病鉴定、酒精检测、毒品鉴定及成分检测、物品价值鉴定、痕迹鉴定、视听资料与电子数据鉴定、火灾或爆炸事故的成因鉴定、噪声鉴定等。通过专门知识解决争议,既能确保事实认定的客观性,又能为后续的法律适用提供科学依据。当事人若对结果存疑,可依法申请重新鉴定。

【举实例】"伤情鉴定意见"是治安案件查处的重要证据

某日晚11时许,某派出所接群众报警称"某KTV内多人斗殴"。民警出警后经调查发现,周某某在KTV走廊与李某某因酒后肢体碰撞发生争执,随即伙同两名同行朋友对李某某实施持续殴打。经法医鉴定,李某某头皮裂伤、软组织挫伤,构成轻微伤。公安机关依据伤情鉴定意见,认定周某某等3人构成"结伙殴打他人",处以行政拘留并处罚款。本案中,伤情鉴定意见是认定周某某殴打他人的关键证据,如果伤情鉴定为"轻伤"等级,则涉嫌构成故意伤害罪,周某某将面临刑事处罚。

【长知识】鉴定意见必须遵循法定程序和技术规范

在治安案件办理中,为确保鉴定意见合法有效,必须遵循法定的程序和技术规范:(1)具有鉴定资质。公安机关认为需解决专门性问题,如伤情程度、物品真伪等时,应依职权或依当事人申请启动鉴定,并以《鉴定聘请书》书面委托具备资质的机构或人员。鉴定人须持有司法鉴定许可证等法定资格,且与案件无利害关系,否则应依法回避。(2)鉴定工作规范。鉴定人需独立运用专业技术对送检材料进行分析,确保方法科学、过程客观。鉴定意见须以书面形式出具,载明鉴定依据、过程及结论,由鉴定人签名并加盖机构公章。（3）依法告知。公安机关需将鉴定意见书面告知当事人，保障其知情权与异议权。若当事人对结论有异议，可在3日内以"鉴定资质不符""程序违法"等理由申请重新鉴定；符合条件的，公安机关应另行委托鉴定。

第一百零七条　为了查明案情，人民警察可以让违反治安管理行为人、被侵害人和其他证人对与违反治安管理行为有关的场所、物品进行辨认，也可以让被侵害人、其他证人对违反治安管理行为人进行辨认，或者让违反治安管理行为人对其他违反治安管理行为人进行辨认。

辨认应当制作辨认笔录，由人民警察和辨认人签名、盖章或者按指印。

【解疑惑】办理治安案件时哪些情形要组织辨认？

在治安案件办理中，辨认是指公安机关为了查明案情，依法组织证人、受害人或者违法嫌疑人对与案件有关的人员、物品、场所等进行识别、确认的一种调查措施。需要组织辨认的情形主要有：（1）身份存疑或需明确违法行为人。当嫌疑人身份不明、冒用他人信息或多人参与需区分责任时，辨认可直接锁定违法主体。例如，在结伙斗殴案件中，若监控拍到多名参与者但身份未知，民警可组织被害人、目击者从照片或真人中辨认具体实施殴打者；在盗窃案件中，则通过被侵害人或证人辨认核实；对于多人推诿责任的案件，还可组织同案人员互相辨认，厘清各自的行为。（2）涉案物品、场所需确认。对作案工具、赃物或争议场所的辨认，能直接关联证据与案件事实。例如，查获的刀具是否用于威胁他人、现场遗留的手机是否属于被盗财物，需由当事人或证人辨认确认；若当事人对冲突发生位置的陈述存在矛盾，民警可带其至现场指认具体区域，排除虚假陈述。

（3）证据有矛盾。当言词证据与物证、监控等客观证据有矛盾，或缺乏直接证据时，辨认可辅助构建证据体系。例如，证人描述嫌疑人穿红色上衣，但监控显示为黑色，可通过辨认衣着特征排除矛盾；深夜滋事案件若无监控，组织多名目击者对嫌疑人交叉辨认，相互印证，以弥补客观证据不足。

【举实例】违反辨认规则的辨认笔录不能作为证据使用

某日凌晨，刘某、张某、赵某因怀疑王某与贾某存在不正当关系，以短信诱骗王某下楼后强行将其拖入车内，带至某公园无人处实施殴打，致其面部、手臂多处挫伤。王某当日报警，并称记住了打人者的相貌特征，民警将嫌疑人抓获后组织开展辨认。民警在组织辨认时要求王某从同一组10张照片中一次性辨认刘某、张某和赵某。本案中刘某、张某与赵某均20余岁，所选陪衬照片中5人为50岁以上中老年人，且陪衬照片中人物的衣着特征与嫌疑人差异显著，嫌疑人穿深色上衣，陪衬者则多为浅色。民警的上述做法明显违反了法定规则，有诱导辨认的嫌疑，辨认笔录不得作为证据使用。

【长知识】办理治安行政案件中的辨认规则

在治安案件办理中，辨认涉案场所、物品及人员的程序须严格遵循辨认规则，确保辨认结果的准确性。其过程及要求如下：（1）辨认的启动。公安机关在查明案情确有必要时启动辨认，如确认作案工具归属、锁定身份不明人员等。辨认应由2名以上（含2名）正式办案民警负责组织，不能由辅警单独主持。（2）辨认过程记录。辨认场所需全程录音录像，并绘制方位图标注具体位置。（3）辨认物品数量要求。物品辨认需提供5件以上同类陪衬物，如查获的刀具应与其他同规格刀具混杂；人员辨认若用照片，每组不少于10张且年龄、发型等特征相似；若为真人，则不少于7人。禁止同一组混入多名嫌疑人照片，防止诱导性风险。辨认过程需制作辨认笔录，载明辨认的时间、地点、参与人及过程，由民警、辨认人及见证人签名确认。

第一百零八条　公安机关进行询问、辨认、勘验，实施行政强制措施等调查取证工作时，人民警察不得少于二人。

公安机关在规范设置、严格管理的执法办案场所进行询问、扣押、辨认的，或者进行调解的，可以由一名人民警察进行。

依照前款规定由一名人民警察进行询问、扣押、辨认、调解的，应当全程同步录音录像。未按规定全程同步录音录像或者录音录像资料损毁、丢失的，相关证据不能作为处罚的根据。

【解疑惑】民警开展"单人执法"的条件有哪些？

根据本条规定，公安机关在特定情形下可由1名人民警察单独开展部分执法办案活动，但需满足以下条件：一是适用范围上，仅限询问、扣押、辨认三类程序性工作，且必须在规范设置、严格管理的执法办案场所进行。二是询问、扣押、辨认过程应全程同步录音录像，确保内容完整、画面清晰、声音可辨，否则相关证据无效。

【长知识】"全程同步录音录像"的注意事项

"全程同步录音录像"是执法办案场所组织询问、扣押等执法活动的基本要求，应注意以下事项：第一，完整性要求与技术规范。录音录像必须覆盖执法活动的全过程且无间断。录制内容需完整反映参与人员、场景动态及关键细节，如出示证据、当事人签字等，禁止选择性录制或人为中断。在技术层面，设备需确保音画清晰、声音可辨、图像稳定，同步显示时间、地点等客观信息，录制文件须保持原始性，严禁剪辑或篡改。第二，程序合法性要求。执法人员需在录音录像前明确告知当事人录制事项，并在笔录中载明告知内容。特殊情形下，如涉未成年人案件或需翻译人员参与的案件，须全程记录法定代理人、翻译在场情况，确保程序无瑕疵。第三，保存规则与违法后果。录音录像资料须当场封存并标注案件信息，其保存期限与案卷一致，调取使用需经审批。若未全程录制、文件损毁或内容与笔录存在实质性矛盾，如笔录记载"自愿认罚"但录像显示胁迫，相关证据将被排除，案件可能因程序违法而被撤销。

第二节　决　　定

第一百零九条　治安管理处罚由县级以上地方人民政府公安机关决定；其中警告、一千元以下的罚款，可以由公安派出所决定。

【辨差异】如何理解"县级以上地方人民政府公安机关"？

《治安管理处罚法》中的"县级以上地方人民政府公安机关"是指在县级以上行政区域内设立的，作为本级人民政府工作部门的公安机关。它包括县（市、旗）公安局、地（市、州、盟）公安局及其设立的公安分局、省（自治区、直辖市）公安厅局及其设立的公安分局等。这些公安机关依法享有治安管理处罚决定权，可以以自己的名义依法作出治安管理处罚决定，以维护社会治安秩序，保障公共安全。

需要说明的是"县级以上地方人民政府公安机关"不是"县级以上公安机构"，比如有些公安机关内设机构尽管在行政级别上也属于县级以上，但是依旧不能对外独立作出治安管理处罚决定。另外"县级以上地方人民政府公安机关"中的"地方人民政府公安机关"，也排除了公安部直接作出治安管理处罚决定，因为公安部属于中央人民政府公安机关。

【举实例】公安派出所有权作出1000元以下罚款的处罚决定

岳某在自家地下室内经营棋牌室，民警在对其进行检查时，发现存在赌博行为，后依法传唤岳某。岳某承认其棋牌室存在赌博行为，态度较好并保证不再出现类似违法活动。辖区公安派出所依法对岳某作出罚款500元的治安管理处罚决定。

第一百一十条 对决定给予行政拘留处罚的人，在处罚前已经采取强制措施限制人身自由的时间，应当折抵。限制人身自由一日，折抵行政拘留一日。

【解疑惑】可以折抵行政拘留的强制措施有哪些？

可以折抵限制人身自由的强制措施主要包括刑事拘留、逮捕、拘留审查（只适用于外国人）等。需要注意的是，该强制措施是指行政拘留处罚前违法行为人因同一行为被羁押的强制措施，不包括公安机关未对违法行为人予以羁押的取保候审等强制措施，也不包括强制检测、人身检查等带有人身强制性的取证行为，询问查证、继续盘问和采取约束措施的时间不能予以折抵。

【举实例】刑事拘留可折抵行政拘留处罚

在"A企业女员工被侵害案"中，王某因涉嫌强制猥亵罪被公安机关立案侦查，因情节轻微，检察院认为不构成犯罪，不批准逮捕。公安机关依法对王某终止侦查后，作出治安拘留15日的处罚决定。在侦查期间，王某被公安机关依法采取刑事拘留措施，共计15天，因此，可依法折抵行政拘留15天，王某不再执行行政拘留处罚。

第一百一十一条 公安机关查处治安案件，对没有本人陈述，但其他证据能够证明案件事实的，可以作出治安管理处罚决定。但是，只有本人陈述，没有其他证据证明的，不能作出治安管理处罚决定。

【解疑惑】什么是其他证据？

其他证据，是指"口供"以外的其他证据。公安机关在查处治安案件过程中，即使违法嫌疑人拒不承认，如有证人证言、电子数据、视频资料或其他书证、物证形成完整的证据链，达到法律要求的证明标准，能够证明违反治安管理行为事实的，就可以依法作出治安管理处罚决定。

【举实例】没有违法行为人陈述照样可以作出处罚决定

张某在公共场所寻衅滋事，周边的监控录像清晰记录了其行为过程，且有多位现场证人能够证实，但张某拒不承认。公安机关据此对张某作出行政拘留10日的处罚决定。

第一百一十二条 公安机关作出治安管理处罚决定前，应当告知违反治安管理行为人拟作出治安管理处罚的内容及事实、理由、依据，并告知违反治安管理行为人依法享有的权利。

违反治安管理行为人有权陈述和申辩。公安机关必须充分听取违反治安管理行为人的意见，对违反治安管理行为人提出的事实、理由和证据，应当进行复核；违反治安管理行为人提出的事实、理由或者证据成立的，公安机关应当采纳。

违反治安管理行为人不满十八周岁的，还应当依照前两款的规定告知未成年人的父母或者其他监护人，充分听取其意见。

公安机关不得因违反治安管理行为人的陈述、申辩而加重其处罚。

【解疑惑】作出行政处罚决定前的告知方式有哪些？

在行政治安管理处罚程序中，告知是公安机关作出处罚决定前必须履行的法定程序，是指公安机关将拟作出的处罚内容、事实依据、法律依据以及当事人依法享有的权利（如陈述、申辩、听证等）明确告知当事人的行为。其核心意义在于保障当事人的程序权利，确保处罚的公正合法。行政处罚告知方式包括口头告知、书面告知和公告告知三种方式。口头告知主要适用于采用简易程序决定的行政处罚案件，其适用条件通常为事实清楚、案情简单，并且有法定依据，违法后果比较轻微。书面告知则适用于采用一般程序决定的行政处罚案件，也可以在笔录中告知。在执法实践中，因违法行为人逃跑等原因无法履行告知义务的，公安机关可以采取公告方式予以告知。自公告之日起7日内，违法嫌疑人未提出申辩的，可以依法作出行政处罚决定。

【举实例】未进行告知的违反治安管理处罚决定无效

赵某涉嫌赌博被公安机关立案调查。在作出行政处罚决定之前，在行政处罚告知笔录中，告知行为人赌资1000元拟被收缴，但没有告知其将被行政拘留10日、罚款5000元的处罚决定。公安机关未告知违反治安管理行为人拟作出的处罚内容，也未告知其有听证、提起行政复议和行政诉讼的权利，其作出的治安管理处罚决定程序违法，应依法予以撤销或变更。

【长知识】未成年人监护人的确定

为了保障未成年人的合法权利，本条明确规定，违反治安管理行为人不满18周岁的，应告知其父母或者其他监护人，充分听取他们的意见。其监护人的确定遵循以下规则：第一顺位监护人为父母，若父母死亡或丧失监护能力，则由祖父母、外祖父母、兄、姐等近亲属担任监护人，具体按《民法典》第27条①规定的顺序确定。对于监护权存在争议或

---

① 《民法典》第27条规定：父母是未成年子女的监护人。未成年人的父母已经死亡或者没有监护能力的，由下列有监护能力的人按顺序担任监护人：（一）祖父母、外祖父母；（二）兄、姐；（三）其他愿意担任监护人的个人或者组织，但是须经未成年人住所地的居民委员会、村民委员会或者民政部门同意。

无上述亲属的情形，需由未成年人住所地的居民委员会、村民委员会或民政部门指定监护人，必要时可委托社会组织参与监护。公安机关在案件调查、处罚前告知等环节，应当核实并记录监护人身份信息，若监护人不明确，应通过学校、社区等渠道及时核查，必要时制作《监护人权利义务告知书》明确其教育监督责任。

第一百一十三条 治安案件调查结束后，公安机关应当根据不同情况，分别作出以下处理：

（一）确有依法应当给予治安管理处罚的违法行为的，根据情节轻重及具体情况，作出处罚决定；

（二）依法不予处罚的，或者违法事实不能成立的，作出不予处罚决定；

（三）违法行为已涉嫌犯罪的，移送有关主管机关依法追究刑事责任；

（四）发现违反治安管理行为人有其他违法行为的，在对违反治安管理行为作出处罚决定的同时，通知或者移送有关主管机关处理。

对情节复杂或者重大违法行为给予治安管理处罚，公安机关负责人应当集体讨论决定。

【解疑惑】如何理解"违法事实不能成立"？

本条是对调查终结的治安案件的处理方式，包括作出处罚决定、不予处罚、涉嫌犯罪或其他违法行为的移送等，其中违法事实不能成立的不予处罚。"违法事实不能成立"是治安案件办理程序中的一种认定结论，指公安机关经过调查后，认为现有证据不足以证明当事人存在违法行为，或当事人的行为不符合法律规定的违法构成要件，因此无法认定其违反治安管理行为。违法事实不能成立的结论会导致案件终止或不予处罚两种结果。"违法事实不能成立"与"没有违法事实"有一定区别：一是含义不同，"违法事实不能成立"是认定违法事实的证据不足，"没有违法事实"是指经过调查有足够的证据证明违法事实根本不存在；二是处理方式不同，对于"违法事实不能成立"的应作出不予行政处罚决定，对于"没有违法事实"的，经办案负责人批准终止调查。

【长知识】违反治安管理行为人有其他违法行为的处理方式

公安机关在办理治安案件时若发现行为人存在其他超出了治安管理范畴或者涉及不同行政主管部门管辖的违法行为的，应在作出治安管理处罚决定的同时，将相关违法线索移送或通知具有管辖权的行政主管部门处理。具体可从以下层面理解：一是职能分工原则。公安机关的法定职权限于治安管理领域，对于其他违法行为，如税务违规、市场监管、环境保护违法等，需遵循"专业事项由专门机关处理"的原则，确保执法专业性。例如，某一违反治安管理行为人同时存在非法经营行为的，公安机关需同步通报市场监管部门介入调查。二是法律衔接要求。该规定旨在实现不同法律规范的衔接，避免处罚漏洞。例如，行为人因打架斗殴被行政拘留，若其同时涉嫌无证经营餐饮服务，公安机关需将后者移交市场监督管理部门依据《中华人民共和国食品安全法》作进一步处理。三是程序必要性。通知其他部门是法定程序义务，未履行可能构成程序违法。公安机关需制作《移送案件通知书》或通过内部协同平台转交材料，并留存书面记录备查。

第一百一十四条　有下列情形之一的，在公安机关作出治安管理处罚决定之前，应当由从事治安管理处罚决定法制审核的人员进行法制审核；未经法制审核或者审核未通过的，不得作出决定：

（一）涉及重大公共利益的；

（二）直接关系当事人或者第三人重大权益，经过听证程序的；

（三）案件情况疑难复杂、涉及多个法律关系的。

公安机关中初次从事治安管理处罚决定法制审核的人员，应当通过国家统一法律职业资格考试取得法律职业资格。

【解疑惑】1. 什么是"涉及重大公共利益"治安案件？

"涉及重大公共利益"的治安案件，是指违反治安管理的行为对社会公共安全、经济秩序、公众健康、生态环境等重大公共利益造成或可能造成广泛影响的案件。这类案件具有社会关注度高、影响范围广、潜在危害大的特点，因此有必要严格法制审核，酌情作出处理。其主要包括以下情形：（1）涉及国家核心利益。违法行为涉及国家主权、安全、领土完整、社会大局稳定及经济社会可持续发展等国家核心利益的；（2）涉及能源、交通、水利等公共基础设施建设，以及教育、医疗、环保等公共事业的；（3）可能引发群体性事件、激化社会矛盾或造成广泛负面舆论的案件。常见的涉及重大公共利益的案件有：在公共场所实施暴力恐怖威胁、散布虚假险情（如谎报炸弹、疫情）引发公众恐慌的；非法集会、游行示威引发社会秩序混乱，或煽动群体性暴力行为；影响疫情防控、制售伪劣食品药品、哄抬物价、危害公众健康或经济秩序；编造传播虚假信息，引发社会动荡或国际负面影响的；非法排放污染物、破坏珍稀野生动植物资源，造成生态危机的等违法行为。

2. 如何理解"案件情况疑难复杂、涉及多个法律关系"？

"案件情况疑难复杂、涉及多个法律关系"的具体表现为：一是案件事实认定存在多重矛盾或证据单一，如仅有当事人陈述且存在出入，导致违法行为的性质、情节轻重难以判断；二是案件涉及不同法律规范的交叉适用，如同一行为可能同时触犯治安管理处罚法与刑法，或需要协调行政法与民事赔偿等法律关系；三是需运用专业程序，如鉴定、听证或涉及跨部门协作，如移送刑事侦查或通知其他行政主管部门处理的情形。

【长知识】国家统一法律职业资格考试

国家统一法律职业资格考试起源于1986年的国家律师资格考试，是国家统一组织的选拔合格法律职业人才的国家考试。初任法官、初任检察官，申请律师执业、公证员执业和初次担任法律类仲裁员，以及行政机关中初次从事行政处罚决定审核、行政复议、行政裁决、法律顾问的公务员，应当通过国家统一法律职业资格考试，取得法律职业资格。

第一百一十五条 公安机关作出治安管理处罚决定的，应当制作治安管理处罚决定书。决定书应当载明下列内容：

（一）被处罚人的姓名、性别、年龄、身份证件的名称和号码、住址；

（二）违法事实和证据；

（三）处罚的种类和依据；

（四）处罚的执行方式和期限；

（五）对处罚决定不服，申请行政复议、提起行政诉讼的途径和期限；

（六）作出处罚决定的公安机关的名称和作出决定的日期。

决定书应当由作出处罚决定的公安机关加盖印章。

【解疑惑】哪些证件可以作为身份证件？住址包括哪些地方？

治安管理处罚决定书中的"身份证件种类"，是指用于证明被处罚人身份的法定证件，包括居民身份证、户口簿、护照、军官证等，这些证件能够准确反映当事人的身份信息，确保处罚对象的准确性。而"住址"则包括被处罚人的户籍所在地和经常居住地，户籍所在地是其依法登记的住所地；经常居住地是其实际生活居住的处所。明确记载身份证件种类和住址，既有助于公安机关核实当事人身份、避免处罚对象错误，也为法律文书的送达和后续行政复议、诉讼等程序提供明确依据，保障当事人的知情权与救济权利，同时体现行政处罚的规范化和合法性要求。

【长知识】违法嫌疑人身份不明时作出处罚决定的方式

在严格意义上，违法嫌疑人的姓名、住址等情况也属于违法事实的一部分，公安机关在办理治安案件的过程中，应当查清违法嫌疑人的身份。但在实践中，有些违法嫌疑人出于各种原因不讲真实姓名、住址，公安机关又无法查明其身份。为了提高行政案件的办理效率，防止案件的长期积压和拖延，法律规定"违法嫌疑人不讲真实姓名、住址，身份不明，但只要违法事实清楚、证据确实充分的，可以按其自报的姓名、贴附照片作出处理决定"。这里的"不讲真实姓名、住址，身份不明"，是指违法嫌疑人谎报或者不报自己的姓名、住址。根据这一规定，公安机关在办理行政案件时，可以集中精力围绕违法嫌疑人违法行为存在与否以及具体情节进行调查取证，不能因为违法嫌疑人不讲真实姓名、住址，身份不明而影响案件的正常办理。公安机关按照违法嫌疑人自报的姓名，贴附照片作出处理决定的，应当在相关法律文书中注明。

第一百一十六条 公安机关应当向被处罚人宣告治安管理处罚决定书，并当场交付被处罚人；无法当场向被处罚人宣告的，应当在二日以内送达被处罚人。决定给予行政拘留处罚的，应当及时通知被处罚人的家属。

有被侵害人的，公安机关应当将决定书送达被侵害人。

【解疑惑】治安管理处罚决定"无法当场向被处罚人宣告"怎么办？

无法当场向被处罚人宣告，是指因客观障碍或紧急情况导致公安机关无法在处罚现场完成宣告程序的情形，主要包括：被处罚人拒绝接收、逃离现场，身份不明且无法核实，或现场发生暴力冲突、突发疾病、自然灾害等紧急事件。公安机关应通过执法记录仪全程记录客观障碍，制作书面说明并附见证人签字，固定"无法当场向被处罚人宣告"的证据。处罚决定应在2日以内完成送达，送达时应优先采取直接送达方式，拒收的可适用留置送达或公告送达。

【举实例】行政拘留处罚决定未及时通知家属构成程序违法

李某与他人因琐事发生冲突并动手，致对方受伤。公安机关经调查，认定李某的行为违反治安管理规定，决定对其处以行政拘留5日的处罚。然而，从作出处罚决定到李某被送往拘留所执行，过去了整整3天时间，公安机关都未将李某被行政拘留这一情况通知其家属。按照本法第116条之规定，公安机关决定给予行政拘留处罚的，应当及时通知被处罚人的家属。本案中，公安机关未及时履行通知义务，构成程序违法。

【长知识】作出行政拘留处罚决定后通知被处罚人家属的方式

对违法行为人作出行政拘留处罚决定后，公安机关应当及时将处罚情况和执行场所通知被处罚人的家属，以保障被处罚人家属的知情权。通知家属可以使被处罚人在被限制人身自由期间能够及时获得家人在法律救济以及生活、工作等方面的帮助。为保证被处罚人家属的"及时"知情权，公安机关应当采取灵活、便捷、有效的方式通知家属，既可以采取直接送达、邮寄送达行政处罚决定书复印件或者通知书的方式，也可以采取电话、传真、短信、电子邮件等方式。

第一百一十七条 公安机关作出吊销许可证件、处四千元以上罚款的治安管理处罚决定或者采取责令停业整顿措施前，应当告知违反治安管理行为人有权要求举行听证；违反治安管理行为人要求听证的，公安机关应当及时依法举行听证。

对依照本法第二十三条第二款规定可能执行行政拘留的未成年人，公安机关应当告知未成年人和其监护人有权要求举行听证；未成年人和其监护人要求听证的，公安机关应当及时依法举行听证。对未成年人案件的听证不公开举行。

前两款规定以外的案情复杂或者具有重大社会影响的案件，违反治安管理行为人要求听证，公安机关认为必要的，应当及时依法举行听证。

公安机关不得因违反治安管理行为人要求听证而加重其处罚。

【解疑惑】"案情复杂或者具有重大社会影响的案件"如何理解？

本条是对适用听证的处罚种类和处罚幅度的规定。在治安行政案件中，"案情复杂或者具有重大社会影响的案件"通常是指那些超出一般治安案件办理难度、涉及重大公共利益或社会关注的案件。这些案件具有以下特点：（1）事实情节复杂。这是指案件事实或法律适用存在疑难、争议，如案件涉及多个行政机关、案件时间跨度长、涉及历史遗留问题、涉及专业技术问题等。（2）法律适用复杂。例如，存在法律规范冲突，涉及行政自由裁量权的合理性审查。（3）证据复杂。证据的收集、认定或证明标准存在特殊困难，如证据形式特殊的电子数据；存在证据矛盾或不足，如行政机关举证不充分，违法行为人提出反证，需证明因果关系等情形。（4）具有重要社会影响。这是指案件涉及重大公共利益或引发广泛社会关注，公安机关需综合评估案件对当事人权益、社会秩序或公共利益的潜在影响，以及可能引发的舆论炒作或群体性事件。

【辨差异】听证和诉讼的区别

听证，是公安机关在治安管理处罚中一种自我监督和听取意见的程序，主要由公安机关组织并主导。听证主持人通常由公安机关法制部门人员担任，要求公正中立。诉讼，是司法程序，由法院作为中立的第三方对公安机关的具体行政行为进行司法审查。法院有严格的诉讼程序和证据规则，其裁判结果具有终局性的法律效力。听证侧重于在公安机关作出治安管理处罚决定前充分听取当事人意见，防止处罚决定出现错误，提高行政决策的准确性和可接受性。诉讼的重点在于对已经作出的行政决定或公安机关的其他行为进行合法性审查，纠正违法或不合理的行政行为，保障当事人的合法权益。

【长知识】在办理未成年人听证案件时，需要特别注意的地方

一是对未成年人可能执行行政拘留处罚的案件，公安机关应当告知其有听证的权利。依据《治安管理处罚法》第23条第2款，"可能执行行政拘留"的未成年人包括14至16周岁1年内2次以上违反治安管理的未成年人和14至16周岁及16至18周岁初次违法但情节严重、影响恶劣的未成年人。"可能"的判断需结合违法次数、情节严重程度等综合认定，而非单纯以年龄为标准。

二是未成年人案件的听证全程不公开。仅允许当事人、法定代理人、办案人员及必要的证人、翻译人员参与，禁止其他人员旁听。此举旨在保护未成年人隐私，避免其权益受

二次伤害。

三是听证原则上不加重处罚。公安机关不得因当事人要求听证而加重处罚，以避免变相剥夺其程序权利。

第一百一十八条 公安机关办理治安案件的期限，自立案之日起不得超过三十日；案情重大、复杂的，经上一级公安机关批准，可以延长三十日。期限延长以二次为限。公安派出所办理的案件需要延长期限的，由所属公安机关批准。

为了查明案情进行鉴定的期间、听证的期间，不计入办理治安案件的期限。

【解疑惑】什么是"案情重大、复杂"的治安案件？

本条是对公安机关治安案件办结期限的规定，要求公安机关必须及时调查取证、作出决定，避免因拖延导致证据灭失，影响事实查证。同时，也防止无限期拖延、占用警力、挤占行政执法资源，有利于提高办案效率、保障人权和社会秩序。"案情重大、复杂"的案件经上一级公安机关批准，可以延长30日办结。所谓"案情重大、复杂"，是指涉及人员多、参与人员身份特殊，人身伤害相对严重，损害后果相对重大，公共秩序受破坏相对严重，行为人有多次违法行为，手段恶劣，跨区域跨行业作案，法律关系相对复杂，证据收集难度较大，社会影响大，公众关注度高等违法情形。

【举实例】延长办案期限应经上级公安机关批准

张某报警称电动车被盗。警方接到报案后迅速展开调查，初期锁定了几名嫌疑人，并对他们的行踪、社会关系等进行了详细摸排。然而，随着调查的深入，发现这些嫌疑人案发时均有不在场证据，案件陷入僵局。警方不得不扩大调查范围，重新走访周边群众、查看更多的监控视频资料，还需对现场遗留的一些痕迹物证进行更细致的鉴定分析，这些工作耗费了大量时间。由于案情复杂，在30日内无法完成调查取证工作。于是，办案公安机关在期限届满前，按照法定程序，经上级公安机关批准，将办案期限延长了30日。最终，经过办案人员坚持不懈的努力，在延长后的期限内成功抓获了真正的犯罪嫌疑人，案件得以顺利办结。

第一百一十九条　违反治安管理行为事实清楚，证据确凿，处警告或者五百元以下罚款的，可以当场作出治安管理处罚决定。

【解疑惑】什么是当场处罚程序，有何条件？

当场处罚程序又称简易程序，是指公安机关对违法事实清楚、证据确凿、情节简单的违反治安管理行为，依法当场作出处罚决定并执行的程序。当场处罚程序的适用需满足以下条件：一是违法事实清楚。违法行为事实明确，证据充分，无需进一步调查。二是法定依据明确。行为人的行为有明确的法律、法规或规章作为处罚依据。三是处罚种类和幅度符合规定。仅适用于警告或500元以下罚款的治安管理处罚。此外，涉及卖淫、嫖娼、赌博、毒品等复杂案件，不能适用当场处罚程序。

【举实例】未按规定申报承租人信息被当场处罚

某公安分局民警在某出租屋检查工作中，发现该出租屋二手房东邓某未按规定申报承租人田某的身份信息。公安机关根据本法规定，对邓某当场罚款200元，并交付了处罚决定书。

【长知识】当场处罚不意味着可以当场收缴罚款

在治安管理处罚中，公安机关对违法事实清楚、证据确凿、处警告或者500元以下罚款的违反治安管理行为，可以当场作出治安管理处罚决定。但只有符合本法第123

条规定的情形，人民警察才可以当场收缴罚款，即当场执行罚款处罚。根据《行政处罚法》的规定，作出罚款决定的行政机关应当与收缴罚款的机构分离。除法定的当场收缴罚款情形外，作出行政处罚决定的行政机关及其执法人员不得自行收缴罚款，而应由被处罚人自行到指定的银行或者通过电子支付系统缴纳罚款。银行在收受罚款后，直接上缴国库。

第一百二十条 当场作出治安管理处罚决定的，人民警察应当向违反治安管理行为人出示人民警察证，并填写处罚决定书。处罚决定书应当当场交付被处罚人；有被侵害人的，并应当将决定书送达被侵害人。

前款规定的处罚决定书，应当载明被处罚人的姓名、违法行为、处罚依据、罚款数额、时间、地点以及公安机关名称，并由经办的人民警察签名或者盖章。

适用当场处罚，被处罚人对拟作出治安管理处罚的内容及事实、理由、依据没有异议的，可以由一名人民警察作出治安管理处罚决定，并应当全程同步录音录像。

当场作出治安管理处罚决定的，经办的人民警察应当在二十四小时以内报所属公安机关备案。

【解疑惑】当场处罚的实施有程序要求吗?

公安机关对治安案件实施当场处罚必须遵守严格的法定程序，以确保处罚的合法性和当事人的权利。根据相关法律法规，当场处罚的程序主要包括以下环节：（1）须出示人民警察证，向违法行为人表明执法身份。（2）收集证据，必须听取当事人意见，对其提出的事实、理由或证据应记录并复核。（3）口头告知违法行为人拟作出行政处罚决定的事实、理由和依据，并告知违法行为人依法享有的陈述权和申辩权。（4）充分听取违法行为人的陈述和申辩。违法行为人提出的事实、理由或者证据成立的，应当采纳。（5）填写当场处罚决定书并当场交付被处罚人，有被侵害人的，并应当将处罚决定书送达被侵害人。（6）当场收缴罚款的，同时填写罚款收据，交付被处罚人；未当场收缴罚款的，应当告知被处罚人在规定期限内到指定的银行缴纳罚款。（7）经办人民警察在24小时以内将处罚情况报所属公安机关备案。

【长知识】在治安管理当场处罚程序的实施过程中，需要注意的地方

一是当场作出治安管理处罚决定需出示人民警察证。出示人民警察证是当场处罚程序的合法性前提，其作用在于证明执法主体的身份合法性，即使身着警服，仍应出示人民警察证。若未出示证件，被处罚人可依法提出程序违法异议，该处罚决定可能因程序瑕疵被撤销。

二是处罚决定书不仅要交付被处罚人，还有送达被侵害人。处罚决定书交付被处罚人，需当场直接交付，若被处罚人拒绝接收，可参照留置送达规则（如邀请见证人到场，注明拒收情况并拍照记录）。有被侵害人时，决定书需在当场处罚后及时送达（通常与交付被处罚人同步）。

三是一名人民警察作出处罚决定需以"被处罚人无异议"和"全程同步录音录像"为条件。"被处罚人无异议"，是指被处罚人以书面或口头形式明确表示对事实、理由、依据无异议（口头异议需录音录像固定证据）。若被处罚人提出质疑（如否认违法事实），不得适用当场处罚，需转为一般程序调查。"全程同步录音录像"在技术层面需清晰记录执法过程、当事人陈述、决定书填写等环节，不得剪辑或中断。

四是及时向所属公安机关备案。当场作出治安管理处罚决定后，经办人民警察应当在24小时以内报所属公安机关备案。这属于内部监督程序，便于公安机关核查处罚的合法性（如事实认定、法律适用是否正确），若超过24小时未备案，不会直接导致处罚决定无效，但可能构成执法瑕疵，需由公安机关内部追究经办人员责任（如批评教育、限期补正）。

第一百二十一条 被处罚人、被侵害人对公安机关依照本法规定作出的治安管理处罚决定，作出的收缴、追缴决定，或者采取的有关限制性、禁止性措施等不服的，可以依法申请行政复议或者提起行政诉讼。

【解疑惑】1. "限制性、禁止性措施"主要指哪些？

在治安案件办理过程中，限制性、禁止性措施是公安机关为预防、制止违法行为或确保处罚执行而采取的手段。这里的"限制性、禁止性措施"主要包括以下几种类型：一是人身自由限制类，如强制传唤、保护性约束措施、对外国人适用的拘留审核等；二是活动范围限制类，如限制1~3年内不得进入体育场馆、演出场馆观看同类比赛演出，对外国人适用的限制活动范围等；三是其他强制措施，如强行带离现场、继续盘问等。

2. 对处罚决定不服如何提起行政复议和行政诉讼？

被处罚人或被侵害人认为治安管理处罚决定或公安机关的其他行政行为侵犯了其合法权益，可以自知道或者应当知道该行政处罚决定或行政行为之日起60日内，向作出处罚决定的公安机关的同级人民政府提出行政复议申请。因不可抗力或者其他正当理由耽误法定申请期限的，申请期限自障碍消除之日起继续计算。公安机关作出行政处罚决定或其他行政行为时，未告知申请行政复议的权利、行政复议机关和申请期限的，申请期限自公民、法人或者其他组织知道或者应当知道申请行政复议的权利、行政复议机关和申请期限之日起计算，但是自知道或者应当知道行政行为内容之日起最长不得超过1年。

对属于人民法院受案范围的行政案件，公民、法人或者其他组织可以先向行政机关申请复议，对复议决定不服的，再向人民法院提起诉讼；也可以直接向人民法院提起诉讼。公民、法人或者其他组织不服复议决定的，可以在收到复议决定书之日起15日内向人民法院提起诉讼。复议机关逾期不作决定的，申请人可以在复议期满之日起15日内向人民法院提起诉讼。公民、法人或者其他组织直接向人民法院提起诉讼的，应当自知道或者应当知道作出行政行为之日起6个月内提出。

第三节　执　　行

第一百二十二条　对被决定给予行政拘留处罚的人，由作出决定的公安机关送拘留所执行；执行期满，拘留所应当按时解除拘留，发给解除拘留证明书。

被决定给予行政拘留处罚的人在异地被抓获或者有其他有必要在异地拘留所执行情形的，经异地拘留所主管公安机关批准，可以在异地执行。

【解疑惑】1. 作为案件的主办单位，派出所是否有权执行行政拘留？

根据本法第109条的规定，派出所只能作出"警告、一千元以下罚款"的处罚决定，行政拘留必须由县级人民政府公安机关或者公安分局决定。因此，被决定给予行政拘留处罚的人，只能由作出决定的公安机关，即县级人民政府公安机关或者公安分局送拘留所执行。

然而，派出所作为县级公安机关的派出机构，其本身承担着办理治安案件的法定职责，虽无权作出行政拘留的处罚决定，但经县级公安机关授权或指派后，可以作为具体的执行者代为完成行政拘留决定的送达与执行。派出所的这一权限来源于公安机关的内部层级分工和协作机制，并非派出所的独立职权。

2. 行政拘留异地执行需要满足哪些条件？

行政拘留的异地执行，是指在负责办案的公安机关所在地以外的拘留所执行行政拘留。异地执行行政拘留须同时满足两个条件：其一，被决定行政拘留的人被抓获时身在异地，或者具有其他有必要在异地执行该行政拘留的情形。此处的"有必要"，既可以是公安机关出于节约执法成本之考虑，也可以是从有利于被拘留人改过自新的角度出发。比如，在被拘留人的户籍所在地或者其工作学习地的拘留所执行的，不仅方便其家属探望，还有助于激发其内心的悔改之意。其二，须经异地拘留所的主管公安机关批准。

【长知识】行政拘留的起算时间

行政拘留的时间应当自公安机关将被决定行政拘留的人送达拘留所执行时开始计算。拘留时间以"日"为单位，从入所当日到第二日为一日，不要求"一日"必须满24小时，法定节假日应计算在内。比如，张三被处以行政拘留10日。1月6日23时许，张三被送至某拘留所开始执行。16日，张三即可办理出所手续，且无须等到23时。即便当天是法定节假日，也不会影响张三的正常离所。

第一百二十三条　受到罚款处罚的人应当自收到处罚决定书之日起十五日以内，到指定的银行或者通过电子支付系统缴纳罚款。但是，有下列情形之一的，人民警察可以当场收缴罚款：

（一）被处二百元以下罚款，被处罚人对罚款无异议的；

（二）在边远、水上、交通不便地区，旅客列车上或者口岸，公安机关及其人民警察依照本法的规定作出罚款决定后，被处罚人到指定的银行或者通过电子支付系统缴纳罚款确有困难，经被处罚人提出的；

（三）被处罚人在当地没有固定住所，不当场收缴事后难以执行的。

【举实例】人民警察不可以当场收缴罚款的情形

某派出所对宋某殴打他人处以500元罚款，并要求"在收到本决定书之日起15日内将罚款交到工商银行某支行"。当日，办案民警袁某将该处罚决定书交给宋某。宋某签收后，随即拿出500元递给袁某，表示自己太忙没时间去银行，烦请袁某代为缴纳。次日，民警袁某通过工商银行某支行将500元罚款上缴国库，并收到代收罚款收据及缴款书各一份。

本案中，被处罚人宋某主动将500元交给民警，请求其代为缴纳罚款。民警出于好意，在当场收缴宋某此笔罚款后，在法律规定的期限内转缴至指定银行。从表面上看，民警的做法符合便民原则，似乎并无不妥之处。然而，根据《行政处罚法》第67条第1款的规定，"作出罚款决定的行政机关应当与收缴罚款的机构分离"，即罚缴分离，这是《行政处罚法》确定的一项基本原则，其目的是从制度上杜绝行政机关的乱罚滥用现象，保障执法的廉洁与公正。同时，只有在法定情形下，才允许罚缴适度分离，以提高行政执法效率，体现为民执法的根本宗旨。

具体到本案，首先，宋某作为被处罚人，虽然"对罚款无异议"，但处罚金额已远超法定可以当场收缴的数额（200元）；其次，处罚决定的作出地系县城中心区域，并非"交通不便地区"，也无证据证明"被处罚人到指定的银行或者通过电子支付系统缴纳罚款确有困难"；最后，经查，宋某不仅在当地有固定住所，且有稳定的职业，不存在"不当场收缴事后难以执行"的情形。故本案中，民警袁某当场收缴罚款的行为有违法律之规定。人民警察只有在符合法定情形时，才可以当场收缴罚款，否则，即便被处罚人请求其代为缴纳，也应当予以拒绝。

【长知识】违法行为人经济有困难可以延期或分期缴纳罚款

行政处罚决定依法作出后，被处罚人应当在行政处罚决定书载明的期限内予以履行。如果被处罚人确实因经济困难而无法按时缴纳罚款的，可以向作出处罚决定的公安机关提出延期或者分期缴纳的申请。经批准的，可以暂缓或者分期缴纳。但是，公安机关无权减免被处罚人缴纳罚款数额。

第一百二十四条 人民警察当场收缴的罚款，应当自收缴罚款之日起二日以内，交至所属的公安机关；在水上、旅客列车上当场收缴的罚款，应当自抵岸或者到站之日起二日以内，交至所属的公安机关；公安机关应当自收到罚款之日起二日以内将罚款缴付指定的银行。

【解疑惑】"所属的公安机关"具体指哪一级公安机关？

当场收缴罚款是人民警察基于法定特殊情形而向被处罚人收缴罚款的行为，其收缴的罚款应当先交至所属的公安机关，再由该公安机关负责上缴国库。此处的公安机关是指当场收缴罚款的人民警察所隶属的公安机关，包括县级以上公安机关、公安派出所；法律、法规、规章授权，具有独立执法主体资格的公安机关内设机构；出入境边防检查站。

第一百二十五条　人民警察当场收缴罚款的，应当向被处罚人出具省级以上人民政府财政部门统一制发的专用票据；不出具统一制发的专用票据的，被处罚人有权拒绝缴纳罚款。

【解疑惑】人民警察当场收缴罚款，为何必须出具法定专用票据?

这里的法定专用票据是指国务院财政部门或者省、自治区、直辖市人民政府财政部门统一制发的专用票据。它既是人民警察当场收缴罚款的原始凭证，也是被处罚人履行罚款缴纳义务的有效证据，同时，还可以作为当事人申请行政复议或行政诉讼的客观依据。

人民警察当场收缴罚款时出具法定专用票据，首先可以表明其执法行为的合法性以及程序的正当性。如果人民警察未出具统一制发的专用票据，被处罚人有权拒绝缴纳罚款。其次，可以确保罚没款项全额纳入国库管理。收缴罚款不出具票据或者出具票据不符合规定，容易导致行政权力被滥用，造成罚款收入被截留或者流失。再次，可以为当事人寻求权利救济提供保障。专用票据作为法定文书，完整记载了处罚主体、事由、金额等核心信息。当被处罚人对处罚决定的合法性存疑时，该票据即可作为其提起行政复议或行政诉讼的必要书证，发挥保障权利救济的重要功能。

【举实例】人民警察当场收缴罚款应出具专用票据

某日，来自外地的游客顾先生一家四口在景区打算体验轮胎滑雪项目。由于当天气温较低，室外寒风阵阵，顾先生安顿其他家人在就近的室内等候，自己则一人手持多张票代为排队。十几分钟后，原本以为马上就能体验项目的李先生，发现前面突然多了三人，心中十分不悦。双方因此发生口角，并引发轻微肢体冲突。正在景区巡逻的民警及时制止了双方的争斗。由于李先生拒绝调解，最终，民警依据本法的相关规定，给予顾先生罚款500元的处罚，并向其出具了某省人民政府财政部门统一制发的专用票据。由于顾先生在当地没有固定住所，不当场收缴事后有可能难以执行，民警遂依法当场收缴了该罚款。

第一百二十六条 被处罚人不服行政拘留处罚决定，申请行政复议、提起行政诉讼的，遇有参加升学考试、子女出生或者近亲属病危、死亡等情形的，可以向公安机关提出暂缓执行行政拘留的申请。公安机关认为暂缓执行行政拘留不致发生社会危险的，由被处罚人或者其近亲属提出符合本法第一百二十七条规定条件的担保人，或者按每日行政拘留二百元的标准交纳保证金，行政拘留的处罚决定暂缓执行。

正在被执行行政拘留处罚的人遇有参加升学考试、子女出生或者近亲属病危、死亡等情形，被拘留人或者其近亲属申请出所的，由公安机关依照前款规定执行。被拘留人出所的时间不计入拘留期限。

【解疑惑】1. 申请行政拘留暂缓执行需要满足哪些条件？

行政拘留是限制人身自由的行政处罚。行政拘留被实际执行后，一旦该处罚决定被确认违法或者被撤销，将会给被处罚人的身心造成难以弥补的创伤。故而法律允许公安机关在一定条件下可以暂时停止行政拘留的执行，以便更好地保护被处罚人的合法权益。根据本条规定，同时符合以下三个条件时，公安机关可以作出暂缓执行行政拘留的决定：（1）法定情形。被处罚人因不服公安机关所作出的行政拘留处罚决定而申请了行政复议或者提起了行政诉讼；或者被处罚人遇有参加升学考试、子女出生或者近亲属病危、死亡等情形。暂缓执行行政拘留的申请既可以与申请行政复议或者提起行政诉讼同步进行，又可以在行政拘留执行期间提出；既可以书面形式提出，又可以口头形式提出。(2)事实条件。公安机关经审查，认为对被处罚人暂缓执行行政拘留不致发生社会危险。(3)担保条件。被处罚人或者其近亲属提出了符合规定条件的担保人，或者按每日行政拘留200元的标准足额缴纳了保证金。对同一被处罚人，不得同时责令其提出保证人和缴纳保证金。行政拘留并处罚款的，罚款不得因行政拘留的暂缓执行而暂缓缴纳。

2. 公安机关如何认定暂缓执行行政拘留"不致发生社会危险"？

在通常情况下，公安机关在认定被处罚人是否具有社会危险性时，会综合考虑被处罚人主观恶性的大小、违反治安管理行为的性质、社会危害性的严重程度以及惯常表现等；同时，也要充分评估被处罚人与被侵害人之间的积怨程度，防止因暂缓执行行政拘留而引发被侵害人的不满，并进而导致冲突的升级。被处罚人有下列情形的，被认为有"发生社会危险"的可能，不宜暂缓执行行政拘留：(1)暂缓执行行政拘留后可能逃跑的；(2)还有其他违法犯罪嫌疑，正在被调查或者侦查的；(3)公安机关认为不宜暂缓执行行政拘留的其他情形。

3. 行政拘留执行期间可以申请出所的法定事由有哪些？

法律不仅是严格的规则，也要蕴含人性化的考量。对违法人员的处罚，不应忽视其作为家庭成员和社会成员所应享有的正当权益。允许被处罚人能够亲自在场迎接新生命的诞生，或者有机会陪伴病危的近亲属，确保其在家庭重大事件中能够履行一定责任，有助于维护家庭关系的稳定，减少因拘留造成的家庭破裂或不满情绪，从而促进社会的整体和谐。而允许被拘留人参加升学考试，不仅维护了其受教育的权利，也鼓励其对未来负责，有利于其之后更好地融入社会，降低再犯率，从长远看同样有利于社会秩序的稳定和公共安全。因此，正在执行行政拘留处罚的人遇有参加升学考试、子女出生或者近亲属病危、死亡等法定情形时，可以提出请假出所的申请，行政拘留中止执行。当然。被拘留人出所的时间不计入其应当被行政拘留的期限内。被拘留人请假出所后未按时返回拘留所的，由作出行政拘留处罚决定的公安机关负责带回拘留所继续执行剩余的行政拘留[①]。

【辩差异】申请暂缓执行与申请出所的异同

表4-2　申请行政拘留暂缓执行与行政拘留执行期间申请出所的比较

对比项	申请暂缓执行	执行中申请出所
申请主体	限被处罚人本人	被拘留人或者其近亲属
申请时间	行政拘留处罚执行完毕前（可以与申请行政复议或者提起行政诉讼同步进行，也可以在行政拘留执行期间提出）	只能在行政拘留执行期间提出
适用情形	● 被处罚人不服行政拘留处罚决定且申请行政复议或提起行政诉讼的 ● 被处罚人遇有参加升学考试、子女出生或者近亲属病危、死亡等情形的	被拘留人遇有参加升学考试、子女出生或者近亲属病危、死亡等情形的
法律后果	● 行政拘留处罚决定被依法撤销，行政拘留不再执行 ● 行政拘留处罚决定被维持，行政拘留开始执行	法定情形消除后，被拘留人继续返回拘留所执行；被拘留人出所的时间不计入其应当被行政拘留的期限内
适用程序	提出申请→公安机关经审查，认为暂缓执行行政拘留不致发生社会危险→被处罚人或者其近亲属提出了符合规定条件的担保人或者按每日行政拘留200元的标准足额缴纳了保证金→公安机关自收到申请之时起24小时内作出决定	被处罚人或者其近亲属提出出所申请→由拘留所提出审核意见→报作出行政拘留处罚决定的公安机关决定是否批准→拘留决定机关应当在被拘留人或者其近亲属提出申请的12小时内作出决定

---

① 参见《拘留所条例》第28条。

【长知识】行政拘留暂缓执行期间被处罚人的义务

我国法律之所以设置行政拘留的暂缓执行，是基于保障被处罚人的合法权益，维护传统伦理道德理念之考量。然而，行政拘留暂缓执行，并不意味着被处罚人必然不会被拘留，故在暂缓执行行政拘留期间，被处罚人应当履行如下义务：（1）未经决定机关批准不得离开所居住的市、县区域；（2）住址、工作单位和联系方式发生变动的，在24小时以内向决定机关报告；（3）在行政复议和行政诉讼中不得干扰证人作证、伪造证据或者串供；（4）不得逃避、拒绝或者阻碍处罚的执行。

第一百二十七条　担保人应当符合下列条件：

（一）与本案无牵连；

（二）享有政治权利，人身自由未受到限制；

（三）在当地有常住户口和固定住所；

（四）有能力履行担保义务。

【解疑惑】1. 什么是"与本案无牵连"的担保人？

牵连，有牵涉、关联、联系之意。"与本案无牵连"的人，是指此人与案件本身没有什么关联性，既不是案件的当事人或者同案人，也不是证人或者被侵害人；案件的处理结果与其也没有什么利害关系。担保人与案件有牵连时，可能会包庇、纵容被处罚人妨碍甚至逃避公安机关的处罚，对行政拘留处罚的正常执行造成不利影响。

2. 如何理解担保人应"享有政治权利，人身自由未受到限制"？

担保人应"享有政治权利"，是指担保人应依法享有宪法所赋予的所有政治权利，如选举权和被选举权，言论、出版、集会、结社、游行、示威的自由，宗教信仰自由以及对国家机关和国家工作人员提出批评和建议的权利等。具有担保资格的前提是"人身自由未受到限制"，即担保人未被监察机关采取留置措施、未被采取限制人身自由的行政或者刑事强制措施以及未受到涉及人身自由的行政处罚或是刑罚等，如强制隔离戒毒、拘传、取保候审、监视居住、刑事拘留、逮捕、行政拘留、拘役、有期徒刑、无期徒刑、缓刑、假释、监外执行、保外就医等。

3. 如何理解担保人"有能力履行担保义务"？

担保人的主要职责是为被决定行政拘留的人提供保证，以确保其在暂缓执行行政拘留期间遵守相关法律规定，不逃避行政拘留处罚的执行。首先，一个有能力履行担保义务的担保人应当具有完全民事行为能力，18周岁以下的未成年人、精神病人及智力残疾人不能成为担保人。其次，担保人主观上应有意愿监督、督促被处罚人在暂缓执行行政拘留期间，严格遵守相关规章制度。再次，担保人客观上应有能力约束或震慑被处罚人，使其不致逃跑或者再次实施违法犯罪行为等。此外，担保人的身体状况、是否当地常住人口、有无稳定工作及其个人征信状况等，都会对其能否履行担保义务产生一定影响。

【举实例】担保人必须符合法定条件

罗某大学毕业后与同事于某合租一套两室一厅的单元房。某日，罗某因在超市实施盗窃行为被公安机关给予行政拘留10日处罚。罗某以接到父亲病危通知为由，向公安机关申请暂缓执行行政拘留。正处于假释期的表哥和于某都表示愿意作为担保人，但鉴于表哥自己的人身自由尚处于被限制状态，而于某系本案的证人，属于与本案有牵连者。最终，公安机关同意由罗某在本市某国有企业工作的舅舅作为暂缓执行其行政拘留处罚的担保人。

第一百二十八条 担保人应当保证被担保人不逃避行政拘留处罚的执行。

担保人不履行担保义务，致使被担保人逃避行政拘留处罚的执行的，处三千元以下罚款。

【解疑惑】担保人应当履行的担保义务有哪些?

暂缓执行行政拘留的担保人应当履行下列义务:(1)保证被担保人遵守有关规定，比如未经决定机关批准不离开所居住的市、县;住址、工作单位和联系方式发生变动的，要在24小时以内向决定机关报告等。(2)发现被担保人伪造证据、串供或者逃跑的，及时向公安机关报告。担保人不履行担保义务，致使被担保人逃避行政拘留处罚执行的，公安机关可以对担保人处以3000元以下罚款，并对被担保人恢复执行行政拘留。如果担保人履行了担保义务，但被担保人仍逃避行政拘留处罚执行的，或者被担保人逃跑后，担保人积极帮助公安机关抓获被担保人的，可以对担保人从轻或者不予行政处罚。

【长知识】担保人不愿继续担保或丧失担保资格的处理方式

担保人不愿继续担保或丧失担保资格的，公安机关应当责令被担保人重新提出担保人或者交纳保证金。担保方式由担保人变更为保证金的，保证金的缴纳金额按照被决定暂缓执行行政拘留时尚未执行的行政拘留天数、每日200元的标准确定。被担保人既不重新提出适格的担保人，又拒绝在规定的时间内交纳保证金的，行政拘留的决定机关应当将被担保人送拘留所执行。

第一百二十九条　被决定给予行政拘留处罚的人交纳保证金，暂缓行政拘留或者出所后，逃避行政拘留处罚的执行的，保证金予以没收并上缴国库，已经作出的行政拘留决定仍应执行。

【解疑惑】没收保证金是什么性质的行政行为?

没收保证金是公安机关对因在暂缓执行行政拘留或者请假出所期间，违反有关规定、逃避执行行政拘留处罚的被处罚人所缴纳的担保金采取的一种处理措施，是公安机关的具体行政行为。被处罚人如果对公安机关没收保证金的决定不服，可以根据《行政复议法》及《行政诉讼法》的相关规定，向作出没收保证金决定的公安机关的本级人民政府或上级业务主管部门申请行政复议，也可以直接向当地人民法院提起行政诉讼。没收保证金的决定由原作出行政拘留处罚决定的公安机关依法作出，公安派出所无权作出没收保证金的决定。

【举实例】行为人逃避行政拘留处罚，保证金应予以没收

张某因故意殴打他人被公安机关依法决定给予行政拘留7日的处罚。张某不服，提起行政诉讼，并以书面形式向公安机关申请暂缓执行行政拘留。公安机关经审查，认为对张某暂缓执行行政拘留不致发生社会危险，遂在张某足额缴纳了保证金后作出暂缓执行行政拘留的决定。行政拘留暂缓执行期间，张某以外出就医为名，未经公安机关批准即离开所居住的某市，并停用了自己在公安机关留存的手机号码。公安机关随后将张某抓获并送拘留所执行行政拘留，没收其所缴纳的保证金，并上缴国库。

第一百三十条 行政拘留的处罚决定被撤销，行政拘留处罚开始执行，或者出所后继续执行的，公安机关收取的保证金应当及时退还交纳人。

【解疑惑】行政拘留的处罚决定应予以撤销的情形有哪些?

根据《行政处罚法》等相关法律规定，公安机关对违反治安管理行为依法作出行政处罚前，必须依法查明事实，严格遵守处罚程序；违法事实不清、证据不足的，不得给予包括行政拘留在内的行政处罚。公安机关的行政处罚行为有下列情形之一的，行政复议机关可以决定撤销或者部分撤销，人民法院也可以判决撤销或者部分撤销该行政行为^①：（1）主要事实不清、证据不足的；（2）案件办理中违反法定程序的；（3）适用的法律、法规错误的；（4）超越职权或者滥用职权的；（5）处罚明显不当的。

【举实例】行政拘留继续执行完毕的，保证金应当及时退还

某日，张某因琐事与邻居米某发生争执后，被米某推搡倒地，致面部及右臂多处擦伤，后经鉴定为轻微伤。因张某拒绝调解，公安机关遂依法决定给予米某行政拘留5日的处罚，并于当天将其送至拘留所开始执行。次日，米某怀孕待产的妻子突然出现临盆征兆，被紧急送往医院。米父向拘留所书面申请米某临时出所。拘留所经审核后报作出行政拘留处罚决定的某县公安局，最终决定在米某足额缴纳保证金后，允许其暂时停止行政拘留的执行。一周后，米某按期返回拘留所继续执行，公安机关遂将所收取的保证金及时退还米某。

---

① 《行政复议法》第64条：行政行为有下列情形之一的，行政复议机关决定撤销或者部分撤销该行政行为，并可以责令被申请人在一定期限内重新作出行政行为：（一）主要事实不清、证据不足；（二）违反法定程序；（三）适用的依据不合法；（四）超越职权或者滥用职权。《行政诉讼法》第70条：行政行为有下列情形之一的，人民法院判决撤销或者部分撤销，并可以判决被告重新作出行政行为：（一）主要证据不足的；（二）适用法律、法规错误的；（三）违反法定程序的；（四）超越职权的；（五）滥用职权的；（六）明显不当的。

第五章 执法监督

第一百三十一条 公安机关及其人民警察应当依法、公正、严格、高效办理治安案件，文明执法，不得徇私舞弊、玩忽职守、滥用职权。

【解疑惑】如何理解徇私舞弊、玩忽职守、滥用职权？

不得徇私舞弊、玩忽职守、滥用职权，属于禁止性规定。徇私舞弊是指民警在办案过程中为徇私情、私利等不正当动机，违规故意偏袒特定对象或者故意违背事实和法律，在履行职务过程中利用职务上的便利，通过不正当手段为自己或他人谋取私人利益。玩忽职守是指民警在执法过程中不负责任，不履行或不认真履行自己的工作职责，致使公共财产、国家和人民利益遭受重大损失的行为，主要包括不履行职责、未认真履行职责、履行职责不当、对职责范围内的工作疏忽大意等多种情况。滥用职权是指公安机关及其人民警察超越法律、法规授权，或者超越法定的权限幅度行使职权，导致公共财产、国家和人民利益遭受损失，包括财产损失、人身伤害、社会秩序混乱等不良后果。

【长知识】办案民警玩忽职守、滥用职权或将追究刑事责任

办案民警作为国家机关工作人员，如果滥用职权或者玩忽职守，具有下列情形之一的，应当认定为《刑法》第397条规定的"致使公共财产、国家和人民利益遭受重大损失"，将被追究刑事责任：（1）造成死亡1人以上，或者重伤3人以上，或者轻伤9人以上，或者重伤2人、轻伤3人以上，或者重伤1人、轻伤6人以上的；（2）造成经济损失30万元以上的；（3）造成恶劣社会影响的；（4）其他致使公共财产、国家和人民利益遭受重大损失的情形。

第一百三十二条　公安机关及其人民警察办理治安案件，禁止对违反治安管理行为人打骂、虐待或者侮辱。

【辨差异】打骂、虐待或者侮辱与刑讯逼供的区别

尊重和保障人权是治安管理处罚的基本原则。人民警察在执法活动中应充分尊重和保障违反治安管理行为人的人身权、财产权、人格尊严等基本权利，严禁实施伤害其身体、贬损其人格、滥用强制措施等违法行为。打骂，是指殴打、辱骂违反治安管理行为人。虐待，是指采取不人道、不合法、过度或不正当的方式对待违反治安管理行为人，主要包括长时间限制其合理的饮食和休息、长时间让违反治安管理行为人处于过冷或过热的极端状态等使其在精神及身体上感到痛苦的行为。侮辱，是指使用侮辱性语言贬损违反治安管理行为人的人格尊严。而刑讯逼供，是指民警在办案过程中，对违法嫌疑人使用肉刑或变相肉刑，以迫使其供述违法事实的行为。打骂、虐待或者侮辱可以发生在治安案件办理的全过程，其主观不一定以取证为目的，可能只是情绪发泄或单纯的惩戒；而刑讯逼供则特指为获取证据或供述而采取的强制手段，具有明确的目的性。采取刑讯逼供方式获取的证据，应予以排除。

第一百三十三条　公安机关及其人民警察办理治安案件，应当自觉接受社会和公民的监督。

公安机关及其人民警察办理治安案件，不严格执法或者有违法违纪行为的，任何单位和个人都有权向公安机关或者人民检察院、监察机关检举、控告；收到检举、控告的机关，应当依据职责及时处理。

【长知识】检察机关和监察机关对公安机关办理的治安案件履行的监督职责

人民检察院是国家的法律监督机关，根据相关法律规定，检察机关可以受理关于治安案件执法活动的监督申请：一是公安机关及其人民警察在办理治安案件过程中出现的"有案不立""以罚代刑"的监督申请。比如，某些案件已经符合刑事案件的追诉标准，但是公安机关仍按照治安案件进行处罚，检察机关可以对此类案件依法进行检察监督。但如果该案件仅为治安案件，不存在涉及刑事立案的情况，则检察机关不能直接受理相关的监督申请。二是基于检察机关对行政诉讼的监督职能，对已经提起行政诉讼的案件，若当事人对判决结果仍有异议，检察机关可以受理针对人民法院行政裁判的监督申请，从而间接实现对治安管理处罚的监督。

监察机关主要承担对行使公权力的公职人员的监督、调查和处置职责。人民警察作为国家的公职人员，其在治安案件办理过程中的依法履职、秉公用权、廉洁从政从业以及道德操守等情况均应受到监察委员会的监督检查；对涉嫌贪污贿赂、滥用职权、玩忽职守、权力寻租、利益输送、徇私舞弊等职务违法和职务犯罪，监察机关也有权进行调查。同时，监察机关还有权对违法的人民警察依法作出政务处分决定；对履行职责不力、失职失责的领导人员进行问责；对涉嫌职务犯罪的，将调查结果移送人民检察院依法审查、提起公诉，并向监察对象所在单位提出监察建议。但是，公民、法人或其他组织如果对公安机关的治安管理处罚决定有异议的，应当通过行政复议或行政诉讼等法律救济手段，维护自身合法权益。

第一百三十四条　公安机关作出治安管理处罚决定，发现被处罚人是公职人员，依照《中华人民共和国公职人员政务处分法》的规定需要给予政务处分的，应当依照有关规定及时通报监察机关等有关单位。

【解疑惑】如何理解"公职人员"？

公职人员是指依法履行公共职务、行使公共权力、管理公共事务的人员。其核心特征是代表国家或公共利益行使职权。根据相关法律法规及国际通行的界定，公职人员的范围包括但不限于以下几类：[①]（1）中国共产党机关、人民代表大会及其常务委员会机关、人民政府、监察委员会、人民法院、人民检察院、中国人民政治协商会议各级委员会机关、民主党派机关和工商业联合会机关的公务员，以及参照《公务员法》管理的人员；（2）法律、法规授权或者受国家机关依法委托管理公共事务的组织中从事公务的人员；（3）国有企业管理人员；（4）公办的教育、科研、文化、医疗卫生、体育等单位中从事管理的人员；（5）基层群众性自治组织中从事管理的人员；（6）其他依法履行公职的人员。

第一百三十五条　公安机关依法实施罚款处罚，应当依照有关法律、行政法规的规定，实行罚款决定与罚款收缴分离；收缴的罚款应当全部上缴国库，不得返还、变相返还，不得与经费保障挂钩。

【解疑惑】罚款与收缴为何要分离？

罚款决定与罚款收缴分离，是指公安机关作出罚款的处

---

①　《中华人民共和国公职人员政务处分法》第2条第3款："本法所称公职人员，是指《中华人民共和国监察法》第十五条规定的人员。"《监察法》第15条规定了六类人员，即此处所列人员。

罚决定后，由被处罚人自行到指定银行缴纳罚款的制度。其主要目的是从源头上将罚款与行政机关的运行经费脱钩，杜绝行政机关将罚款作为其创收的渠道，从而维护行政机关执法的公平与公正性，树立行政机关廉洁为公、执法为民的良好形象。

罚缴分离原则要求作出罚款的公安机关应当与收缴罚款的机构相分离，不允许公安机关及其人民警察出现自罚自收的现象。但是，在特殊情形下，即符合本法第123条当场收缴罚款情形的，公安机关及其人民警察可以代为收缴罚款，但需向被处罚人出具由省、自治区、直辖市人民政府财政部门统一制发的专用票据。

第一百三十六条 违反治安管理的记录应当予以封存，不得向任何单位和个人提供或者公开，但有关国家机关为办案需要或者有关单位根据国家规定进行查询的除外。依法进行查询的单位，应当对被封存的违法记录的情况予以保密。

【解疑惑】什么是违法记录封存？

违法记录封存即对违法记录予以封闭保存，指在法律规定范围内严格限制违法相关记录的查阅，防止行为人的违法信息被不当披露和使用的制度。该项制度是对党的二十届三中全会决定精神的积极回应。违法记录封存制度的设立，旨在最大限度地降低治安管理处罚对违法行为人带来的负面影响，有利于消除违法行为人因治安管理处罚记录所产生的标签效应，为其重新回归社会创造良好的社会氛围，也有利于推动整个社会的善治。

【长知识】违法行为人的违法记录应当被封存的情形

本法目前对此尚无明确规定，但是参考最高人民法院、最高人民检察院、公安部、司法部联合发布的《关于未成年人犯罪记录封存的实施办法》的相关规定①，应当被封存的违法记录应该包括：公安机关在办理治安案件过程中形成的有关违法的全部案卷材料与电子档案信息，如接处警记录、立案登记表、询问笔录、采集的指纹及其他人体生物信息、鉴定意见、处罚决定书、罚款执行的票据、行政拘留执行通知书、不予处罚决定书等。

第一百三十七条 公安机关应当履行同步录音录像运行安全管理职责，完善技术措施，定期维护设施设备，保障录音录像设备运行连续、稳定、安全。

【解疑惑】1. 公安机关执法的录音录像资料应保存多长时间？

关于公安机关执法办案音视频资料保存时间问题，多个法律文件中都有相关规定，互为补充。综合来看，关于办理治安案件音视频资料保存时间的规定可以归纳为三方面的内容：第一，办案区的录音录像资料保存应不少于3个月，现场执法的视音频资料保存应不少于6个月。第二，询问违反治安管理行为人的录音、录像资料的保存期限应当与同案案卷的保存期限相同。第三，对于作为证据使用、涉及阻碍执法等疑难复杂案件的音视频资料，应永久保存。

2. 现场执法过程出现录音录像设备故障怎么办？

根据公安部相关规定，现场执法视音频记录过程中，因

---

① 《关于未成年人犯罪记录封存的实施办法》第2条：本办法所称未成年人犯罪记录，是指国家专门机关对未成年犯罪人员情况的客观记载。应当封存的未成年人犯罪记录，包括侦查、起诉、审判及刑事执行过程中形成的有关未成年人犯罪或者涉嫌犯罪的全部案卷材料与电子档案信息。

《关于未成年人犯罪记录封存的实施办法》第3条：不予刑事处罚、不追究刑事责任、不起诉、采取刑事强制措施的记录，以及对涉罪未成年人进行社会调查、帮教考察、心理疏导、司法救助等工作的记录，按照本办法规定的内容和程序进行封存。

设备故障、损坏，天气情况恶劣或者电量、存储空间不足等客观原因而中止记录的，重新开始记录时应当对中断原因进行语音说明。确实无法继续记录的，应当立即向所属部门负责人报告，并在事后书面说明情况。

第一百三十八条 公安机关及其人民警察不得将在办理治安案件过程中获得的个人信息，依法提取、采集的相关信息、样本用于与治安管理、查处犯罪无关的用途，不得出售、提供给其他单位或者个人。

【举实例】办案民警违规提供信息被处分

吴某系某县公安局的人民警察，通过朋友饭局认识了孙某和朱某。孙某、朱某等人为追讨高利放贷资金要查找欠款人的下落，遂请托吴某通过公安内网综合查询系统帮忙查询欠款人的住宿、上网等行踪轨迹信息。民警吴某在明知孙某、朱某系查找欠款人的行踪轨迹信息的情况下，仍利用职务便利违规使用本人的数字证书在公安内网综合查询系统帮助查询，并将非法查到的曹某、毛某等10余人的行踪轨迹信息提供给孙某、朱某，其中有些轨迹信息被用于非法拘禁的犯罪活动。事发后，民警吴某被给予行政处分，并移送检察机关审查起诉。

第一百三十九条 人民警察办理治安案件，有下列行为之一的，依法给予处分；构成犯罪的，依法追究刑事责任：

（一）刑讯逼供、体罚、打骂、虐待、侮辱他人的；

（二）超过询问查证的时间限制人身自由的；

（三）不执行罚款决定与罚款收缴分离制度或者不按规定将罚没的财物上缴国库或者依法处理的；

（四）私分、侵占、挪用、故意损毁所收缴、追缴、扣押的财物的；

（五）违反规定使用或者不及时返还被侵害人财物的；

（六）违反规定不及时退还保证金的；

（七）利用职务上的便利收受他人财物或者谋取其他利益的；

（八）当场收缴罚款不出具专用票据或者不如实填写罚款数额的；

（九）接到要求制止违反治安管理行为的报警后，不及时出警的；

（十）在查处违反治安管理活动时，为违法犯罪行为人通风报信的；

（十一）泄露办理治安案件过程中的工作秘密或者其他依法应当保密的信息的；

（十二）将在办理治安案件过程中获得的个人信息，依法提取、采集的相关信息、样本用于与治安管理、查处犯罪无关的用途，或者出售、提供给其他单位或者个人的；

（十三）剪接、删改、损毁、丢失办理治安案件的同步录音录像资料的；

（十四）有徇私舞弊、玩忽职守、滥用职权，不依法履行法定职责的其他情形的。

办理治安案件的公安机关有前款所列行为的，对负有责任的领导人员和直接责任人员，依法给予处分。

【解疑惑】办案民警有违法违纪行为应承担的法律责任?

办案民警在执法过程中应当严格遵守法定程序和工作纪律，若存在违法违纪行为，需根据行为的性质、情节及后果承担相应的法律责任、纪律责任，甚至可能面临刑事处罚。（1）行政责任。人民警察在办理治安案件过程中，如果有本条所列14项行为且尚未构成刑事犯罪的，将受到包括警告、记过、记大过、降级、撤职、开除等行政处分。按照相关法律规定，受到行政处分的人民警察，可以同时被降低警衔及至取消警衔；必要时还可以对其采取停止执行职务、禁闭等措施。（2）刑事责任。如果民警的前述行为已构成刑事犯罪，则应根据具体情形，依法追究其相应的刑事责任。如果办理治安案件的公安机关有本条所列行为的，应当对负有责任的领导人员和直接责任人员，依法给予相应的行政或者纪律处分。

第一百四十条 公安机关及其人民警察违法行使职权，侵犯公民、法人和其他组织合法权益的，应当赔礼道歉；造成损害的，应当依法承担赔偿责任。

【解疑惑】如何理解"赔偿责任"？

本条规定的赔偿责任是指国家赔偿，即公安机关及其人民警察在执法过程中因违法行使职权造成公民、法人和其他组织的合法权益受到损害时，由国家承担相应赔偿责任的法律救济制度。公安机关及其人民警察违法行使职权，如违法拘留或者违法采取限制公民人身自由的行政强制措施等侵犯人身权，或者违法实施罚款、吊销许可证和执照、责令停产停业、没收财物等行政处罚侵犯财产权，致使公民、法人和其他组织的合法权益受到损害的，受害人有权依据《国家赔偿法》的相关规定申请国家赔偿。但如果该行为属于民警与行使职权无关的个人行为或因公民、法人和其他组织自己的行为致使损害发生的，国家不承担赔偿责任。

【长知识】国家赔偿的方式以及计算标准的确定方式

根据《国家赔偿法》的规定，国家赔偿以支付赔偿金为主要方式。能够返还财产或者恢复原状的，予以返还财产或者恢复原状。侵犯公民人身自由的，每日赔偿金按照国家上年度职工日平均工资计算。侵犯公民生命健康权的赔偿按照以下规定进行：（1）造成身体伤害的，应当支付医疗费、护理费，以及赔偿因误工减少的收入。减少的收入每日的赔偿金按照国家上年度职工日平均工资计算，最高额为国家上年度职工年平均工资的5倍。（2）造成部分或者全部丧失劳动能力的，应当支付医疗费、护理费、残疾生活辅助具费、康复费等因残疾而增加的必要支出和继续治疗所必需的费用，以及残疾赔偿金，最高不超过国家上年度职工年平均工资的20倍。造成全部丧失劳动能力的，对其扶养的无劳动能力的人，还应当支付生活费。（3）造成死亡的，应当支付死亡赔偿金、丧葬费，总额为国家上年度职工年平均工资的20倍。对死者生前扶养的无劳动能力的人，还应当支付生活费。生活费的发放标准，参照当地最低生活保障标准执行。被扶养的人是未成年人的，生活费给付至18周岁止；其他无劳动能力的人，生活费给付至死亡时止。

　　侵犯财产权的赔偿，按照以下方式进行：（1）处罚款、罚金，追缴、没收财产或者违法征收、征用财产的，返还财产。（2）查封、扣押、冻结财产的，解除对财产的查封、扣押、冻结。（3）应当返还的财产损坏的，能够恢复原状的恢复原状，不能恢复原状的，按照损害程度给付相应的赔偿金。（4）应当返还的财产灭失的，给付相应的赔偿金。（5）财产已经拍卖或者变卖的，给付拍卖或者变卖所得的价款；变卖的价款明显低于财产价值的，应当支付相应的赔偿金。（6）吊销许可证和执照、责令停产停业的，赔偿停产停业期间必要的经常性费用开支。（7）返还执行的罚款或者罚金、追缴或者没收的金钱，解除冻结的存款或者汇款的，应当支付银行同期存款利息。（8）对财产权造成其他损害的，按照直接损失给予赔偿。

第六章 附则

第一百四十一条 其他法律中规定由公安机关给予行政拘留处罚的，其处罚程序适用本法规定。

公安机关依照《中华人民共和国枪支管理法》、《民用爆炸物品安全管理条例》等直接关系公共安全和社会治安秩序的法律、行政法规实施处罚的，其处罚程序适用本法规定。

本法第三十二条、第三十四条、第四十六条、第五十六条规定给予行政拘留处罚，其他法律、行政法规同时规定给予罚款、没收违法所得、没收非法财物等其他行政处罚的行为，由相关主管部门依照相应规定处罚；需要给予行政拘留处罚的，由公安机关依照本法规定处理。

【解疑惑】依照《枪支管理法》等实施的处罚程序，为何要适用本法的规定？

《枪支管理法》《民用爆炸物品安全管理条例》《娱乐场所管理条例》等法律法规与公安机关的治安管理高度相关，违反这些法律法规的行为往往也同时构成违反本法规定的妨害公共安全和扰乱公共秩序等行为，即存在"法条竞合"现象。例如，非法制造、买卖、运输、储存民用爆炸物品行为，既违反了本法第36条的规定，涉嫌构成非法购买、运输、使用危险物质行为，依法应受治安管理处罚；同时，该行为也违反《民用爆炸物品安全管理条例》第44条的规定，构成非法制造、买卖、运输、储存民用爆炸物品，可以由公安机关责令停止非法购买、运输、爆破作业活动，处5万元以上 20 万元以下的罚款，并没收非法购买、运输以及从事爆破作业使用的民用爆炸物品及其违法所得。在实施行政处罚时，通常对直接负责的主管人员和其他直接责任人员依照本法的规定予以处罚；如果需要依据直接关系公共安全和社会治安秩序的法律、行政法规对同一行为给予其他行政处罚的，也可以按照本法规定的程序实施。

第一百四十二条　海警机构履行海上治安管理职责，行使本法规定的公安机关的职权，但是法律另有规定的除外。

【长知识】海警机构承担的治安管理职责

海警机构的主要职责包括海上治安管理、打击海上违法犯罪、保护海洋资源、实施海上搜救等。具体职责包括：（1）海上治安管理。维护海上治安秩序，打击海上违法犯罪活动，如走私、偷渡、非法捕捞等。（2）海洋权益维护。维护国家海洋主权和权益，参与海上争议区域的巡逻和执法。（3）海洋资源保护。监督和管理海洋资源开发，打击非法开采、污染海洋环境等行为。（4）海上搜救。参与海上遇险船只和人员的搜救工作，保障海上生命安全。（5）开展国际执法合作。与其他国家的海警机构合作，共同打击跨国海上犯罪，维护区域海上安全。

第一百四十三条　本法所称以上、以下、以内，包括本数。

第一百四十四条　本法自 2026 年 1 月 1 日起施行。